目 录

致　谢

　　我愿感谢以下在本书写作计划展开的各阶段提供有益反馈意见的所有人：参加我在俄亥俄州立大学（2010）和加州大学欧文分校（2012）的研讨班的学生们；2010 年在普渡大学召开的哲学与文学研讨会的组织者与参与者；2011 年在丹麦哥本哈根召开的第四届国际德勒兹研究研讨会；2012 年在中国开封召开的国际德勒兹研讨会的组织者与参与者；莎拉·坎贝尔（Sarah Campbell）和她在 Continuum/Bloomsbury 学术出版社的继任者；我还要一如既往地感谢我无与伦比的"私家"编辑与对谈人伊莱扎·塞古拉-霍兰德（Eliza Segura-Holland）。

俄亥俄州哥伦布市

加尼福尼亚州纽波特比奇市

　　作者注：文中紧接引文而注的所有参考书目页码，除非另有说明，皆为《千高原》（*A Thousand Plateaus*）的页码。

《千高原》的来龙去脉

1972年，德勒兹与加塔利携《资本主义与精神分裂（第一卷）：反俄狄浦斯》，联袂登上知识界舞台；并于八年后著成第二卷——《千高原》。此两部作品之间，他们还合著有《卡夫卡：通向一种非主流文学》，这本书对于《千高原》的重要性怎么强调都不为过。两人的最后一次合作是1991年出版的《什么是哲学?》（此后不久，加塔利死于1992年，而德勒兹在1995年自杀）；本书涉猎诸多议题，并尤其阐明了他们共享并共同实践了二十年的对何为哲学的理解。这些两人合著的其他著作为我们对《千高原》的解读提供了重要的文脉，然而，他们各自的专著也同样重要，尤其是德勒兹的专著。德勒兹仅年长加塔利五岁，但1969年两人相识之时，德勒兹已经是知名的哲学家，著作备受赞誉，作为法国最重要的后结构主义哲学家中的一员声名鹊起。其实，德勒兹吸引加塔利的一个原因（是加塔利主动提出要认识德勒兹的）也正是德勒兹对西方哲学了如指掌。而加塔利，在他们初相识时，虽然只有聊聊数篇学术文章发表（以及大量新闻体裁的文章），他却不仅已经是权倾一时的法国精神分析学家拉康的明星学徒，并且与人联合执掌法国最激进

2　的精神科诊疗院[1]，同时，他还是一位积极的政治活动家；其实，最终是德勒兹表达出合作意向。双方都感到对方能帮助自己在独木难支的领域推进自己的工作，这独一无二又异常具有生产力的合作为我们带来了 20 世纪最令人惊叹而又重要的哲学著作。接下来，在简要介绍两位作者的生平之后，我将把《千高原》置入其历史与哲学的文脉之中进行考察。

吉尔·德勒兹

　　德勒兹 1925 年出生于一个中产家庭，"二战"期间读高中时，他先后着迷于文学与哲学，并于 1948 年获得哲学教师资格。在高中(lycée)从教数年后，德勒兹执教于索邦大学，1960 至 1964 年间供职于 CNRS(国家科学研究中心)，其后又重返教学工作，在里昂大学任教直至 1968 年完成他的博士论文，之后在颇具实验性的巴黎文森大学获得教职，并执教至 1987 年退休(一同在此执教的还有米歇尔·福柯、加塔利和拉康等人)。

　　早在 1960 年代，德勒兹和雅克·德里达就已经是最重要的后结构主义"差异哲学家"——坚持主张差异(difference)与生成(becoming)应该优先于同一(identity)与存在(being)，个中缘由，我将在下文中陆续考察。但是，更年轻的德里达的出发点其实是存在主义现象学(埃德蒙德·胡塞尔，马丁·海德格尔[2])，而德勒兹则避开它们，在他看来存在主义和现象学都太自我中心。德勒兹的出发点，其实是他对一些当时并非主流的哲学家的潜心研读，尤其是巴鲁赫·斯宾诺莎、弗里德里希·尼采和亨利·柏格森[3]。或许

1　即拉博德(La Borde)诊疗院。——译者注

2　埃德蒙德·胡塞尔是一位 20 世纪的数学家与哲学家，现象学的奠基人；马丁·海德格尔是胡塞尔的学生，他发展出了一种存在主义现象学的哲学。

3　巴鲁赫·斯宾诺莎是一位近代荷兰犹太哲学家；弗里德里希·尼采是 19 世纪晚期的唯物主义哲学家；亨利·柏格森是 20 世纪早期法国哲学家。

可以公允地说,是德勒兹在法国哲学中恢复了这些非同寻常的哲学家的重要性。就尼采而言,尤其如是,德勒兹通过其1962年的《尼采与哲学》将尼采引介到法国学界。一个引人注目的例外是德勒兹试图剑走偏锋地从最重要的欧洲启蒙哲学家伊曼纽尔·康德那里攫取哲学资源:德勒兹不仅写专著论康德,而且纵观其整个哲学治业,康德一直处在德勒兹哲学视域的中心。在德勒兹看来,他的哲学事业不过是要完善康德的批判蓝图,其方法是用作为生命创造形态的现实经验的实在的发生(real genesis)来取代所有可能经验所指向的那个先验主体(transcendental subject)——关于这个发生(genesis),第2章会作简要介绍。卡尔·马克思是另一位对德勒兹具有重要意义的主流西方哲学家,当大多数法国后结构主义者摒弃马克思主义的时候,德勒兹和加塔利仍然坚称是马克思主义者。甚至,在去世前不久,德勒兹似乎就在写一本有关"马克思的伟大之处"(Grandeur de Marx)的书。关于德勒兹,还有一件重要的事情需要了解,尽管他自认为是一个纯粹的哲学家,然而,他的一些重要的关于"思"的研究却是在哲学领域之外完成的——尤其是在文学、绘画和电影领域——在后文中,我们将会看到,他从哲学之外异常宽广的领域为他的哲学攫取资源,包括人类学、数学和复杂性理论(complexity theory)。

菲利克斯·加塔利

加塔利的人生故事则更加波折。1930年出生后,整个年少时期,他的家族都在举步维艰地经营一些小生意,不少生意后来都失败了,他目睹了祖父的死亡,心灵受到了重创。"二战"结束时,他在政治上已经十分活跃,果断放弃哥哥推荐的药学学业以投身政治新闻业和激进运动,而后又在拉康的指导下接受精神分析的训练。很快,他便成为拉康的得意门生,可是在其事业刚开始不久,他就离开拉康的护佑,和精神科医生让·乌黑一道掌管地处拉博德的一家观念激进的精神科诊所。公允地说,虽然在遇到加塔利之前,德勒兹的写作已经大量涉及精神分析(尤见于《意义的逻辑》中),但《反俄狄浦斯》的一个真正的驱动力其实来自于加塔利所展开的对弗洛伊德和拉康的批评。同样,我们也可以说,虽然在遇到加塔利之前,德勒兹已经将马克思整合进了自己的哲学视域之中(尤见于《差异与重复》),但他们首次合作中大量的对政治经济学和对资本主义的批判,其实来自于加塔利和他在 1960 年代的法国作为托洛茨基派积极活动分子的经验。我们确实也可以把他们的这第一次合作,《反俄狄浦斯》,理解为一种整合了政治与哲学的对法国 1968 年五月剧变的反思——某些反思的灵感毫无疑问来自于德勒兹在巴黎大学激进的文森校园的教学经历,某些反思则与加塔利的激进活动分子的经历相关。

历史脉络

说 1968 年五月"事件",或 1968 年五月剧变,甚或 1968 年五月出人意料的几乎席卷全法的大罢工,都可能只是一种轻描淡写,要知道德勒兹和加塔利就是在这样充满政治与社会剧变的时代里长大的,包括德国的占领时期(German Occupation)和法国"二战"期间的抵抗运动(French Resistance),还有法国的经济重建和现代化,以及 1950、1960 年代的阿尔及利亚解放战争。萨特与政治联姻的哲学对两个年轻人具有决定性的影响,尽管在德勒兹和加塔利那儿情况有所不同(德勒兹谈哲学,加塔利谈政治)。由于诸多原因,包括法国共产党人在抵抗运动中发挥的积极作用以及法国在1940、1950 年代迅速的再工业化,直到 1980 年代,工会和法国共产党在法国政治文化中仍然是一股重要的力量,《千高原》恰在此时问世。因此,和马克思以及马克思主义的结合,无论是哲学的还是政治的,亦或二者兼备的,对于法国知识分子和激进人士来说都是不可或缺的。然而,1968年五月却几乎令法国共产党完全猝不及防:最后工人们自己加入了学生运动(和大部分法国社会其他阶层一道),工会是很久以后才表示支持的,而法共则连支持的态度都未曾表达过。德勒兹与加塔利的第一次合作,《反俄狄浦斯》,常常被描述为是1968年五月的产物,它试图在任何其他政治哲学都无能为力时对这些事件作出解释——这样说确实很贴切。然而,他们的合作却远不止于此。就在《反俄狄浦斯》出版三年后,也就是1975年,他们写卡夫卡的书问世,再过一年,一篇谈论根茎(rhizome)的长文问世,这篇长文成为四年后(1980)出版的《千高原》的第一座高原。尽管在合作之余,两人也各自有独立创作,但他们合作完成的《什么是哲学?》(1991)仍然位居两人晚期重要著作之列,如德勒兹的论文集《批评与诊断》(1993)、加塔利的《三种生态学》(1989)和《混沌系(界)》(1992)。

哲学脉络

在他们的首次合作(《反俄狄浦斯》)中,德勒兹引入了一整套从斯宾诺莎、莱布尼茨、休谟、康德、尼采、柏格森和荣格那里获得的概念资源,加塔利则带来了从马克思、叶尔姆斯列夫和拉康那儿汲取的极为宝贵的资源。[1] 在真正遭遇精神分析学之前,德勒兹早已通过对休谟、尼采、柏格森和荣格的研读而发展出一个无意识的哲学概念,它包含本能(来自休谟和荣格的理论)、生命冲动(*élan vital*;来自柏格森)和权力意志(来自尼采),并强调无意识只能通

---

1 戈特弗里德·威廉·莱布尼茨是17世纪晚期德国哲学家和数学家,微积分的创始人之一;大卫·休谟是18世纪苏格兰经验主义哲学家;卡尔·荣格是20世纪早期的一名精神病学家,仅次于弗洛伊德的精神分析创始人;路易·叶尔姆斯列夫是20世纪丹麦语言学家,他进一步发展了不少索绪尔的重要概念。

过,也只能在其历史的诸体制和原型的偶然表达中,才能获得理解。本能与体制是如此难解难分地纠缠在一起,以至于本能从来不会显现为其自身,与此同时,任何本能都可以在不同的体制形态下表达自身。最终,个体性的心理治疗变得和体制的、社会的变革无法区分、无从分割(正如加塔利,出于他自己的考量,在拉博德诊所所强调的那样)。作为对康德主义批判的践行计划的一部分,《反俄狄浦斯》的首要目标就是用被称作精神分裂分析的"革命性的唯物主义精神病学"取代弗洛伊德(和拉康)的精神分析;对精神分裂分析而言,无意识不是如语言那般被构造的(像拉康所认为的那样),而是一个不可分割的生命的能量欲望(desiring-energy)的场所,这一生命对能量的欲望曾被称作权力意志、生产力和力比多。

其实,使得这一生命能量被一分为三的是基督教和资本主义的盛行,而且这三者总是与自身相违背,因此,德勒兹和加塔利才要求一并将创造性从信仰死后升天的苦行主义和过分狭隘的科学的现实原则(按尼采的观点)中解放出来,将生产力从资本剥削(按马克思的观点)中解放出来,将力比多的欲望从俄狄浦斯的压抑(按弗洛伊德的观点)中解放出来。

精神分裂分析在三个重要方面推进了康德的计划,并以与尼采和马克思的融合告终。通过将批判[1]的对象设定为我们现实经验的实在的发生,而不是所有可能经验的条件,德勒兹和加塔利得以将康德的知性的综合转化为无意识的被动综合。基于他所谓的认识论的"哥白尼式革命"[2],且以理性之名而论,康德声称,意识心灵是通过一套特定的程序(他称作"摄取的综合、再造的综合和

---

[1] 康德式的批判。——译者注

[2] 这个哥白尼的类比恰当地引发了大量争议,但康德确实坚持认为,关于对象的可靠知识必须与人类主体用以生产知识的各种官能——对应,而不是直接与对象自身的内在固有属性相关联。

再认的综合")来获得知识的,他还进一步强调,知识必须与这些对于意识思维来说是构成性的,它们因此就能提供一种内在的标准以判断知识的有效性,对这三种综合的合法使用得到的知识便是有效的,否则便是无效的。在一个相近的意义上,就欲望,尤其是精神分裂的欲望而不是就理性而言,德勒兹与加塔利强调,无意识也是根据特定的一套综合来运转从而加工并构成经验,而精神分析则必须符合这些程序,否则便是无效的。第一个转化将康德的综合变成被动的无意识的综合,而第二个转化则将无意识的处所从个别的主体替换为一个主体所隶属的历史中的特定的群体及其社会构成。这样一来,无意识便成为某种类似于"集体无意识"的东西——但这个集体无意识并不是普遍而永恒的,它总是与处在特定历史中的群体及体制相关涉的。其结果是,最终,批判不再是认识论意义上的批判,而变成彻底的社会批判:最终,精神分裂分析将精神分析判定为一种资本主义的反映或投射;作为历史唯物主义精神病学的精神分裂分析,不仅要求精神分析的理论遵循无意识的综合,而且所有社会关系都应该符合无意识综合。因此,在马克思主义的意义上,精神分裂分析是革命性的,而精神分析则不是。然而,此处德勒兹和加塔利的马克思主义分析还有一个尼采主义的根基:社会的理想不是要最大程度地代表无产阶级的利益,而是尽可能少地违背无意识的"逻辑"、尽可能少地阻挠身体的力量的升腾;革命的社会也必须遵从这些无意识的进程,否则便是压抑的。

　　在《反俄狄浦斯》中,生产力与力比多之间的联接是通过对两个术语阐发来构筑的:欲望-生产(desiring-production)和辖域化(territorialization)。带连字符的这个术语已经不言而喻:欲望-生产已经包含了生产力和力比多,而且德勒兹和加塔利在《反俄狄浦斯》中所做的历史分析也表明是资本主义使这两者彻底分割开来。

辖域化、解域化(de-territorialization)和再辖域化(re-territorialization)这套术语,则分别意指能量在身体和经济的特定领域的投注,对这一能量投注的撤销以及能量在别处的再投注,这样一来精神分析便与政治经济学关联起来。到他们合写《千高原》的时候,这些术语则与层化(stratification)和去层化(de-stratification)相交汇,它们关涉的范围也要宽广得多,正如我们将在后文中看到的,它们将描绘运转中的整个宇宙的进程。

　　但是在《反俄狄浦斯》中,辖域化与有助于引导能量的投注的编码、去编码和再编码的诸过程相伴。因此,结婚这个行为可以抹去一个年轻小伙作为合格单身汉的状态的编码,同时将他再编码为不能接受其他人的欲望投注;广告通过去编码去年的流行款并将今年的款式编码为"正在流行",以类似的方式引导消费者的品味和购买行为。在德勒兹和加塔利看来,资本主义的显著特征就是它是建基于市场的,因此,它对一切具有内在价值的事物进行去编码——就像马克思和恩格斯在《共产党宣言》里所说的"脱出光环"("strips of its halo")——并用量化的货币价值取而代之。商品化的确导致剥削,但是,它同时也将欲望从各种社会编码中释放出来,这样一来,由于私人积累,资本不能一如既往地再俘获(re-capture)大量释放出来的自由流动的能量。因此,德勒兹和加塔利声称,他们所说的"精神分裂"——并不是指一种精神疾病,而是去编码的欲望流——就是资本主义的边界,尽管资本还在尽其所能地对精神分裂之流实施再俘获从而不断移动这个边界,无论是将它们再俘获到商品中、体制规范中,还是万不得已将它们请进收容所。他们很谨慎地将精神分裂说成是一个边界,因为欲望从来不会以纯粹形式的方式显现,本能也是如此:它总是必然地通过编码和体制而得以表达,即使这些编码和体制总是偶然的,在历史中变动不居因而容易发生变化的。

　　德勒兹的代表作，《差异与重复》，为我们提供了重要的工具用以评估一个既定的对欲望的编码和体制化之中所表达的自由变化的强度：它所关涉的总是一个"重复带来多少差异"的问题。完全由本能决定的行为（比如对好些昆虫来说，一个特定的刺激总是毫无例外地引发同样的反应）所引发的重复不会带来任何差异，德勒兹称之为"空洞的重复"（bare repetition）。人类虽然并不是这样由本能决定（诚如我已说过的），但人的习惯以及神经官能症则在人类行为中引发某种空洞的重复，它有时是有益的，有时却是有害的：习惯作为一种空洞的重复，使我们不必每次做任何事情都徒劳地思前想后一番，但是，我们也有些糟糕的习惯；神经官能症就是一种或多或少不受我们控制的空洞的重复，一种需要通过心理治疗来中断的尤其糟糕的习惯。在哲学中，将同一凌驾于差异之上，将不变的存在（Being）凌驾于流变的生成之上，就可以被看作是某种形态的神经官能症，因为存在迫使重复尽可能少地引发差异，并使已经产生的差异或可能产生的差异从属于不变的同一。相反，创造性的重复则将差异置于同一之上，重复中差异的程度越高，人的行为就越是自由——精神分裂所指的就是自由的绝对上限。

　　比如学习演奏一门乐器就要求大量的空洞的重复——例如音阶练习。一旦达到某一熟练程度，便可根据现成的乐谱演奏一支经典曲目了；这事实上仍然带有相当程度的空洞的重复，因为一支现成的曲子，除了少量的"表达的自由"，每次总得按差不多相同的方式演奏。而后，当演奏水平继续提升到又一个决定性的高度时，即兴演奏便成为可能，在此，重复中差异的比率成指数增长，创造性的重复于是取代了空洞的重复。爵士音乐家通常会从一个熟悉的调子开始，然后通过不断用不同的方式演奏它来对它实施去编码——有时甚至把它演奏得面目全非。所谓的"自由爵士乐"则走得更远，它干脆放弃从一个熟悉的调子开始，而直接进入即兴演奏——这就几乎要抵达精神分裂的外层边界了。在《千高原》中，"解域化"这个术语有取代精神分裂的倾向：爵士音乐家通过围绕一个调子进行即兴演绎来解域它。德勒兹和加塔利所说的相对的解域化是指围绕一个熟悉的调子的和弦进程（或"和弦表"）在一个特定的音调上进行即兴发挥。用复杂性理论的话来说，音调就好比一个"吸引域"（basin of attraction），它指定哪些音与和弦（比如主和弦、属和弦和下属和弦，小七和弦和小三和弦）充当"吸引子"（attractors），即兴演奏围绕它们而展开。爵士音乐家也可能出乎意料地变调，在即兴表演的过程中，陡然从一个调转到另一个完全不同的调上（仍然保留其和弦进程）——相当于改变了吸引域：这便是绝对的解域化。在极端情况下不遵循任何和弦表、甚至不考虑任何可识别的调号的自由爵士乐，就是一些连贯的绝对的解域化，一条创造性的逃逸线。这时，即兴表演的挑战就是要将重复中的差异最大化，最大程度地对一只曲子进行绝对地解域，与此同时仍然保持其作为一首乐曲的坚实性。保持或创造坚实性而不将一致性、统一性和组织强加其上，也即不诉诸同一的空洞的重复，确实可说是德勒兹和加塔利所有工作的最终目标，无论是伦理、政治还是美学。他们承认习惯的好处和体制的重要性，尽管两者都束缚了重复中的差异，他们的理想则是将差异最大化，以实验的方式参与到变化之中，离开曲调的舒适区，正如他们所说（311），也正如我们将会看到的，即兴地融入世界之中。

　　在《反俄狄浦斯》出版后的几年里，三个重要文本相继出版：包括两个合写的作品——《卡夫卡：通向一种非主流文学》（1975）和《根茎》（1976），还有一本德勒兹的专著《普鲁斯特与符号》（1976）也再版（第三版）发行，和第二版（1970）一样，它体现了加塔利对德勒兹思想的不断增强的影响。根茎这座高原暂且留待后文再议，在此，我想简要介绍一下这两部关于普鲁斯特和卡夫卡的文学研究之作对《千高原》的写作有何贡献。德勒兹和加塔利从两位作家那儿提取出一个思想的图像，并用差异化的方式重复它，最终获得他们自己的思想图像；因此，在某种意义上，这三部德勒兹和加塔利从1970年代中期开始创作的作品促成了根茎的思想图像，这一根茎的思想图像揭开了，甚至可以说，它通报了《千高原》的到来。

普鲁斯特对无意识记忆（involuntary memory）的重要性的强调贯穿其代表作《追忆似水年华》始终：那些不由自主地出现在脑海中的过去的图像远比有意地回想起的记忆要重要得多。一个当下的感觉可以立刻唤起一个过去的记忆，这两者之间不必有任何直接而显著的关联，这一过程也不涉及任何有意识的意向（conscious intention）。尽管这些记忆不受意识的控制，它们却比有意的记忆要丰富得多，能更好地揭示过去。追忆逝去的时光如果不是完全不可能的话，也将因此成为一个艰巨的任务。随着小说的展开，过去的时光和当下的时光的大量关联网络不断呈现，叙事者试图对之施以某种程度的控制，或从中提取出某种意义。然而，德勒兹和加塔利合作得越久——《普鲁斯特与符号》的第一版（1960）写于两人相识之前；第二版（1970）问世时他们正在合写《反俄狄浦斯》；第三版也即最终版本与《根茎》同年出版——他就越是远离叙事者的视角，或者说越是远离追忆逝去时光的意图，他就越是强调要从生产"非自主"时间关联网络的写作-机器着手。康德坚持要在经验之上加诸（adding）那个主体的"我"，从而为真知与伦理行为提供牢固的一以贯之的基础，而普鲁斯特则通过从经验中去除（subtracting）主体并将主体看作是经验自身的一个副产品或残留物而将德勒兹引向康德的反面。就此看来，至关重要的是叙事机器所编织的时间关系的拼缀物，它制造出了"一个生命"的印象，至于叙事者是否能完全掌控这个生命则成为次要的问题。这样一个生命其实就是一个敞开的时间的多重性（multiplicity），也即，它仅仅是由构成拼缀物的那些连接组成。它可能会有的或者是投诸于它的统一，无论是叙事者（或作者）所规定的统一，还是作为叙事者（或作者）的属性的统一，现在看来都只是拼缀物-生命（或小说）的一个额外的维度，而并不是保有其坚实性作为"一个"生命所必须的维度。这一对坚实性的强调不仅使其与康德对立起来，而且与海德格尔也对立起来：海德格尔强调存在（ex-istence），对他来说，存在（ex-ist）就是要绽出（stand out），而德勒兹和加塔利则强调坚实性，坚实地存在（con-sist）是要一起存在（being-with）而不是绽出来（standing-out）：共存（togetherness），多重的"和"（and）与"一起"（with）的逻辑，而非单独的"是"（being）的逻辑。总之，德勒兹和加塔利是根据普鲁斯特的文学机器的"超个人的"（para-personal）坚实性来编写《千高原》的：这本书就是一个诸概念、诸高原之间关系的拼缀物，刻意避免用一条单线的思路、作者的声音或规矩的视角来统一全书——正因为他们是两人合写，一个是哲学家而另一个是反精神病学的积极分子、政治活动家，这一意图就更加不言自明了。德勒兹甚至曾暗示，他和加塔利对"无器官身体"（Body-without-Organs）这个核心概念的理解其实并不一致。

相较于德勒兹对普鲁斯特文学机器的研究，两人合作对卡夫卡的研究则更加明确地意图生产出根茎的思想图像：从全书第一页起，卡夫卡的工作就被描绘为"根茎或洞穴"（K 3），正如《千高原》，从其第一座高原起就被描绘为根茎。在卡夫卡所描画的世界里，每个房间都通过门和过道与无数其他房间相连通，这些门和过道有些是隐蔽或地下的。似乎只要情况允许，任意房间之间都可以连通。尤其在他的小说中，卡夫卡对空间的布置就像一个交叉体，一面是展示权力与欲望秩序的官僚组织结构图，一面是展示现实的（虚构的）楼房与其中办公室的位置的设计图或路线图；或更像一个组织示意图，尽管连通的线路可以出于未知的原因随时变

换,就像权力和欲望自身间的关系的变化一样。普鲁斯特的拼缀 12
物是一种时间的多重性,而卡夫卡的根茎则更是一种空间的多重
性。《千高原》同样也应该被看作一种空间的多重性,在词语组成
句子、句子又组成段落、诸如此类的无从避免的线性布局之下,是
各种各样的概念和实例之间不计其数的通路。诚如德勒兹在《差
异与重复》的序言中宣告的那样,哲学应该要能做得像科幻小说一
样,那么《千高原》则在一个重要的意义上符合这一要求,它的文本
在相当程度上是根据从虚拟领域(普鲁斯特与卡夫卡)中获得的思
想图像来塑形的,与此同时,我们将会看到,它又大量吸收了当代
数学和科学的新发现。

在进入下一章对《千高原》的概述之前,有必要简单谈谈德勒
兹和加塔利之后的最后一次合作,《什么是哲学?》(1991)。正如
《根茎》可以被看作是对之前论卡夫卡的书中发展出来的思想图像
的重申,《什么是哲学?》则可以被看作是对之前的《千高原》所阐发
的哲学的一种理论的重述。换言之,《什么是哲学?》可以被看作是
对两人至今最重要的合作中所做的工作的总结与澄清。而且,正
如我已经提到的,《千高原》大量借鉴科学与文学,而《什么是哲
学?》的一个重要贡献便是明确地区分哲学与科学,区分哲学与各
门艺术。思想并不是哲学专有的特权,德勒兹和加塔利也承认,他
们的确是自由地从各种不同学科(绝不限于科学与文学)所生成的
思想中广泛受益。尤其重要的是,在科学与哲学中潜在(virtual)与
现实(actual)之间的关系是正好颠倒的,这一点我们将在第 2 章中
展开。贯穿德勒兹所有工作的这个潜在的领域被认为是由"问题"
(Problems)构成的,哲学的任务就是要尽可能有力地阐明这些"问
题",而现实的领域则是由一系列的偶然的对"问题"的"解决"
(Solutions)构成——后文中,当我们取这个特定的哲学意义时,这
些词都会大写。(同样地,当"国家"["State"]、"暴君"

13　["Despot"]、"存在"["Being"]、"事件"["Event"]、"生命"
　　["Life"]、"面孔"["Face"]和"有意味的"[Significant]这些词取一
　　个明确的哲学意义时,都会大写。)诚然,一些"问题"可以说是从哲
　　学自身内部产生的,而德勒兹和加塔利仍然极力强调,哲学必须与
　　它之外的一切都保持接触,不仅包括政治状况,还有最前沿的科学
　　进展——我们对《千高原》的概述就将从此处开始。

主题概述

序言

《千高原》是一部非凡之作。按德勒兹与加塔利的话说，它是如根茎般写就的。所以，它就像是一块拼布被单，而不是一块织物，织物只能在同一个方向展开，比如说从左到右，并且只能待在由单一秩序设定的顶端和底部的边界之内。而《千高原》中的论题（书中有许多）则向四面八方铺开，介入所有学科的问题之中，这就更像是一些布块随机地添加到拼布被单上。这样一块被单不必是长方形或正方形的，它可以完全不对称并向任何方向或诸多方向同时展开，这倒并不是说某些颜色和质地不能在这儿或那儿重复出现，从而构成某种样式：《千高原》确有一些概念的主题或迭奏贯穿其始终，以有时略微不同的形式或样态重新在各处展露。就此而言，《千高原》可以说很像是一份乐谱；在德勒兹和加塔利的概念清单里，音乐也确实占据了特别的一席。然而，《千高原》其实更甚于一份乐谱：在宇宙里所有媒介之中，音乐最大限度地表达了解域，同时，宇宙自身的动力学则可以被看作是一种音乐——所谓的"天体音乐"（music of spheres）或许一点也不夸张。然而，要为《千高原》提供一个充分的思想图像，乐谱还是太类似于织物：与织物一样,乐谱也被限定在顶端与底部之间,这里起限定作用的是乐团的乐器数目,并且乐谱只能单向展开(从左到右)。因此,我更愿意循着爵士音乐家用以即兴演奏的和弦表的线条来想象《千高原》。可是,这个和弦表的思想图像仍然有其不足:和弦表还是意味着一组线性演进的和弦作为参与其中的音乐家的共同的依托,而《千高原》,诚如我们将会看到的,它绝对不是线性的。德勒兹与加塔利声称,构成《千高原》的诸多高原可依任意顺序阅读。任何一次对全书的阅读——假若确实是要阅读整本书,正如我们在此要做的——都可能产生某种线性阅读,正如每一次依和弦表所做的即兴演奏都会带来诸多可能的演绎中的一个线性的演绎。既然如此,我们就准备好在这条旋律线上开始即兴阅读《千高原》,只是,要知道这一阅读只是众多可能的阅读中的"一种",不是意在提炼出《千高原》的意义,而是要表现并阐明它的某些潜质。

哲学背景

正如康德为他那个时代的科学,即牛顿式科学,提供了一种与之相适应的形而上学,我们则最好将《千高原》看作是为当代科学所提供的一种与之相适应的形而上学——这种当代科学以非线性数学为基础,有时也被称作复杂性理论或动态系统理论。德勒兹曾说,"须得将形而上学与现代科学相匹配,正如现代科学就是某种潜在的形而上学的相关项一样"——《千高原》所展开的则正是这样的形而上学。[1] 除了众多其他议题,这一形而上学将涉及认识

1　1987年10月,德勒兹在文森(译按:巴黎第八大学)的课上说道,"Il faut faire la métaphysique qui est le corrélat de la science moderne, exactement comme la science moderne est le corrélat d'une métaphysique potentielle qu'on a pas encore su faire"。文森-圣丹尼斯校课程:《事件,怀特海》— 10/03/1987 — http://www.webdeleuze.com/php/texte.php? cle = 140&groupe = Leibniz&langue = 1 (11/28/2012 访问)

论、本体论、人类学、伦理学以及政治问题——下一章（"文本阅读"）的五个部分将依次就《千高原》所涉猎的以上诸领域进行概述。但首先，我们有必要了解《千高原》的某些哲学背景，在此背景下，我们才能从总体上确定这本著作的贡献。

德勒兹与加塔利的哲学与康德哲学之间最重要的差异或许在于他们各自不尽相同的时间观念：对康德来说，时间是线性而可逆的；而对于德勒兹与加塔利，以及最前沿的科学发展而言，时间是非线性且不可逆的。与可逆的、线性的时间相匹配的是因牛顿而得名的机械论的、可预测的宇宙观：两个相撞的桌球总是会以相同的方式相互作用，即使你将时间倒回并将这一相互作用重演一百遍，每一遍，桌球都必将落入相同的轨道。可是，若将演化过程启动百遍，则会有一百种不同的结局：这个例子便显出了线性-机械论的因果性与非线性-发生的（突现的［emergent］）因果性；后者关涉特异性与分叉点，也正是在这些不可判定的分叉点上，时间显现为不可逆的。

德勒兹的时间哲学

在这一部分，我们有必要仔细看看德勒兹的时间哲学。在其巨著《差异与重复》中，德勒兹根据他所谓的被动综合，也即现在的综合、过去的综合与未来的综合，提出了一种时间观。正如我在第1章中所说，为了避免从笛卡尔到康德，直至现象学的大部分现代哲学中的自我中心主义（或"先验的主体主义"），德勒兹把这三个与时间相关的综合都看作是完全被动的：时间综合不是掌控自身经验的主动而先验的自我所执行的操作，它们是被动的操作，也正是这些被动的操作使一切经验，包括我们关于自我的经验，成为可能。

有些人会把这三种综合描述为"'现在'的现象学"、"'过去'

17

的本体论"和"'未来'的语用学",这倒是个不错的出发点。[1] 选择把现在的综合说成是一种"现象学"或许有些令人费解,因为德勒兹恰恰是为了规避先验的主体主义而摒弃了现象学,但我却认为,在一个特定的意义上,这个说法是站得住脚的:德勒兹在《差异与重复》中关于时间综合的论述,似乎正是从我们如何经验时间开始,并由此推演出时间综合应当如何运作。

惯常的对时间的线性描述——至少古老如牛顿的时间观便可追溯其哲学根源直至亚里士多德——会将时间展现为一条直线,在这条线上,每个匆匆而过的时刻都退到现在的后面,正如每个不断迫近的时刻都来自将来,在我们将要跋涉而过的时间轴上展开的将来。其实,对我们时间经验的如此描述根本不可信,但它乍看上去却那么有说服力而又令人信服,这真是不可思议。事实上,过去对于我们来说,是一个整体,而不是在一条轴线上次第排开的:为了回忆起一个半月之前的某一时刻,我们并不需要依次回溯其间的所有事件:我们直接跳回到夏天的最后那几日便可。我们还可以从那儿再跳到任何其他过去的时刻,而不必在任何一条时间轴线上追索或定位那些时刻。甚至可以说,整个过去本身就在现在之中(omni-present)。至少在我们看来是如此。

然而,问题也随之而来:这仅仅是我们对过去的经验吗? 或者过去本身就是如此这般? 换言之,你怎么从现象学(事物显为何象)过渡到本体论,到事物实际之所是呢? 诚然,过去的事件共存于记忆之中——我们可以扫描过去进而抵达这一事件或跳至另一事件,而无须重涉它们之间所有接续的时刻。可我们是如何从这一"心理经验"(对过去的回忆)中获得过去事件本身在本体上共存这一观念的呢?

1　关于这一描述,参看杰·兰佩特(Jay Lampert)的《德勒兹与加塔利的历史哲学》(*Deleuze and Guattari's Philosophy of History*)。

正是在这个问题上，德勒兹援引了亨利·柏格森。在柏格森看来，过去并不是一个线性系列的不断过去的现在的囤积之所，而是一个无时间性的整体（bloc），在此，每一个过去的事件都与所有其他事件共存。对柏格森而言，不是只有在记忆中，一个事件才可以无视其在时间轴线上的位置而与其他所有事件相关联：在柏格森的过去概念中，所有过去的事件彼此共存，栖居于一个领地，柏格森把它叫作潜在：过去作为一个潜在的整体（或作为一个集团）是现实事件得以在现在发生的条件，就像，比方说，语言系统作为一个潜在的整体（或者结构主义者会称之为结构，语言）是现实的言说活动得以在现在之中发生的条件。这种将过去看作是现在之实现的条件的观点与德勒兹从弗里德里希·尼采那儿吸取的生成较之于存在的优先地位是相通的。根据这一观点，存在就只不过是生成的一个短暂的、附带的且多半是错觉的中止（或"收缩"）；而生成则总是首要而根本的。这不仅仅是说每一事物都有一番历史——这更是要说，每一事物就是它的历史。显见的存在都只是实实在在的生成的暂时的、现实的结果或表达；它是蕴含于潜在过去之中的先在条件在当下的现实化。用《千高原》中的术语来说，这个现实化的过程就叫做"层化"（stratification）。

可是，若说任何实体（entity）都是"它的"历史却也不尽然：每一实体或事态（state of affaires）事实上并不只是它自己自足的历史，而是整个宇宙历史的一个表达，是透过那个当下的事物的视角，经由被动综合的收缩（诚如德勒兹所言）对整个过去的一个表达。这一哲学观点正好与融贯了非线性数学与复杂性理论的当代科学相契合：线性决定域或线性决定的岛群在宇宙中当然是存在的，但它们恰恰是从非线性运动的广阔大海中涌现出来的。确定的存在的确有时从生成中产生，但它又总是从一个更宽广的非线性的不确定性背景中出现。所以，尤其重要的是，对德勒兹而言，潜在过去作为整体对每一现实的确定仍然是不可预知的：只有在回溯的意义上，才谈得上确定性；现实则总可以是另一番景象。这也是为什么像演化这样的过程只能是在回溯的意义上去研究，为什么将演化重启一百次会得到百样结果。

在此，对科学和德勒兹与加塔利的哲学实践、哲学观念之间关系的理解变得尤为重要，因为，正如我和他们都曾说过，他们的哲学是被看作与当代非线性科学相匹配的。科学的目的是不断地缩减事物的前件条件，直至潜在的生成完全臣服于现实的存在，事物看上去就仿佛遵循着永恒的"自然法则"；而哲学则保持着前件条件的复杂性与非线性，这样一来，事物的当下存在就被看作是对其生成的一个多少是暂时而不稳定的收缩。在这个意义上（在此，我跳到仅仅在《什么是哲学？》中才得以明述的范畴差异），潜在与现实在科学与在哲学中的关系恰恰是彼此倒转的。当一系列潜在条件以某种明确的方式在现实中获得表达时，实体和事态就形成了。通过控制变量并重复实验，科学丝毫不关心潜在，而是直截了当地聚焦已经现实化了的存在，尽可能精确地定义现实。与之相反，哲学反向而行：它从既成事态转向其所从出处，潜在的条件。哲学的任务是要从事态之中提取一份潜在的图谱，而事态只不过是对这份图谱的实现而已——任何事态都仅仅只是潜在条件的众多潜在的现实化中的一种情况。尚未实现的潜在永远比现实更丰饶。用《千高原》的术语来说，潜在的领域就是"坚实平面"（the plan of consistency）。

应该说，科学与哲学之间的这种截然的反差还是过于概略了。当代科学，非线性数学与复杂性理论贯穿其中的科学，较之比如说牛顿机械力学，能将生成的强度过程以远为更加广泛的方式纳入其考量之中。这也是为什么当代数学、科学与哲学之间的互动在德勒兹与加塔利这儿如此富有成效的一个原因。然而，即使与过去不同,科学与哲学确实都对生成有所关注,但这两种努力的目标却是大相径庭:一个是要尽可能精确地指示现实(包括生发出这一现实的强度过程),另一个则是要以尽可能引发联想或触发生产的方式绘制出潜在之潜能(virtual potential)的图谱。所以,哲学的任务可以说不仅是创造概念,更确切地说是从现实的事态中提取概念。为了对事态做出精确的描述,哲学倚赖科学,但为了把握现实事态的真实的潜在之域,哲学又背离科学。

基于这一理解,即过去作为多重潜质的潜在之域而现在作为众多潜在性的一种实现,第三种时间综合,未来,就仿佛是一种不可预见的遴选,从无法穷尽的潜在条件集合中遴选出一个经由之后的现实化而变得相关的子集。现在不仅仅只是众多现实化中的一种情况,它和过去的关系也无法仅仅在其现实化中被确定或穷尽:它与过去的关系只能在未来的现实化中被确定,并且每一个现实化将改变那个当下和与之相关的过去之间的关系。这一时间综合可以被看作是一种未来的语用学——援引《反俄狄浦斯》中的一个术语来说——因为欲望是一种力,它在现在的视角下检视过去,探求可能的组合以供现实化。而哲学,正如我所说,是这样一种语用学的一个明言的模式:它在现实事态的问题系统中检视其潜在之域,以期把握潜在以不同方式现实化的潜能,以期将显见存在的固着岛屿重新没入生成的洋流中,从而让其他事物、让不同的事物、更好的事物得以实现。如此一来,与老旧的、更加俗常的线性时间观不同,新的非线性的时间观念对哲学提出了全新的定位。

自我组织的混沌系

这一差异所带来的一个重要后果便是,在德勒兹和加塔利看来,宇宙是自我组织的,而对康德而言,宇宙也必须遵循法则。秩序随时间的推移不减反增的观点看上去与热力学第二定律,即熵增定律相抵牾,但是这个定律将宇宙预设为一个封闭的系统,它并不适用于一个有能量净输入的开放系统。由于德勒兹和加塔利不折不扣地将宇宙视为一个开放系统,它的自我组织倾向性便成为理所当然的前提——而且,在地球生命的演化中,这已经是显而易见的了,在此,地球作为一个开放系统从太阳获得净能量增益。因此,在康德用"人"取代"上帝"的地方,德勒兹和加塔利用"生命"取代了"人",而在"生命"之外,则用自我组织的"混沌系"(cosmos+chaos[宇宙+混沌])取而代之,它的组织模式内在地从物质中涌现,而不是受制于凌驾于其之上的形式或法则。

　　德勒兹与加塔利将混沌系中的一切潜在的潜能之总和称作"坚实平面"。它由潜在的各种"问题"(Problems)构成,而现实化的过程则是针对这些问题提出各种"解决之道"(Solutions),是对这些"解决之道"进行表达,甚或是拿它们来做实验。就此而言,对潜在的问题与结构主义的结构,以及法国马克思主义哲学家路易·阿尔都塞(他的早期工作影响过德勒兹,而他的晚期工作则反过来受到德勒兹的影响)所阐发的"内在因果性"(immanent causality)概念进行比较,或是有益之举。比如,语言系统是一个潜在的结构,从中言语行为(speech-acts)得以产生;每个言语行为都只是表达或现实化了这个语言系统中的某一种潜在的可能,而无法穷尽这个系统的所有潜能。语言系统是言语行为的条件(在结构主义的意义上),却不是其原因(在任何机械的、线性的意义上)。和语言一样,宇宙是一个开放(非线性)系统,因此,对于一个给定的"问题",永远不可能只有一种"解决之道":生成之潜在领域总是比被实现了的解决之道要更加丰富。然而,混沌系的潜在领域虽然是无限的,但它却不是含混不定的,否则科学与哲学也就不可能了:生成有无限潜能以不同方式实现自身,但却总是只能经由内在于我们所知的这个宇宙的各种参量得以实现,一些特定的常量,比如光速,又比如万有引力常数,等等。(在近似的意义上,合乎语法规则的英语句子的数量尽管是无限多的,但它们却并不是无定型的:句子只有无一例外地依循英语语法设定规则的各种参量,才能是符合语法的,而一整套不合语法的词句组合则被排除在外。)运转于这些常量或制约之中,物质纵然有无限多的自我组织方式来"解决"它的"问题",但却总是以确定的形式或模式来实现的。在此,我们便能理解德勒兹的本体论是怎样倚赖科学来配置生成的某些确定过程,从而产生存在的自我组织。

物质的内在的(immanent)或自然发生的(emergent)自我组织的观念是德勒兹与加塔利形而上学的中心,在这些自我组织模式中,最重要且最普遍的模式(德勒兹和加塔利把它们称作"抽象机器")都与差异化(differentiation)和固结(consolidation)的过程相交织——在后文中我们会看到,这些过程可以解释宇宙的发展以及生命的演化。重点于是落在抽象机器的"抽象"上:抽象机器就是在众多不同的物质中运转的进程。抽象机器在不同物质中的现实化生产出另外两种机器:具体的机器性装配(concrete machinic assemblages)和陈述的集体装配(collective assemblages of enunciation)(它与法国哲学家、思想史家福柯提出的"实践"[practices]与"话语"[discourses]甚是呼应);这两种机器相互作用以形成不同的层。在《千高原》中,德勒兹和加塔利将混沌系分为我称之为"巨型层"(mega-strata)的三个主要部分:无机层(inorganic),有机层(organic)和异质成形层(alloplastic)。在一个近似的意义上——但仅仅只是在近似的意义上——我们可以把这些巨型层与物质、"生命"(Life)和文化一一对应起来。我将从无机层开始,然后是"生命",进而再到文化。

23

无机层

无机层的故事始于一声巨响——也就是"大爆炸"(或者一些

科学家现在更愿意说"大脉冲"〔the Big Pulse〕)。大量喷涌而出的等离子起初是完全同质的(也就是说,不可区分),但是当等离子流开始转向、进而形成旋涡,差异便产生了,它使最基本的元素相互固结,并最终形成恒星。这便是膨胀和收缩的进程、差异化和固结的过程的最初情形,德勒兹与加塔利将向我们展示其无所不在的运作——他们有时会借用医学术语"心脏收缩"(systolic)和"心脏舒张"(diastolic)(仿佛宇宙也有心跳和血流)。恒星的重力性压力锅(pressure-cooker)内进一步发生的收缩导致后续其他元素的差异化与固结(最终形成碳元素),而量级完全不同的重力收缩则促成了银河系与太阳系的诞生。如此一来,一个"银河层"(galactic stratum)就从"混沌系"(chaosmosis)的过程中产生,从银河层中最终出现太阳系,而其中又出现了地质层,在那儿,又从无机物中差异化出有机物,并最终出现碳基生命。凭借神思的速度,我们用几秒钟就抵达了实际上需要亿万年才演化出来的有机层。《千高原》中各高原的看似混乱的纪年——一座高原记为公元前数千年而另一座高原则记为某年十月份的某一日——毫无疑问,正是要展现出这些迥异的时间量级,不尽相同的进程在其间展开:演化的时间远远快过地质的时间,文化的时间就更快,正如我们将要看到的,它仅仅只被在理论上具有无限速度的哲学之思所超越。

24   有机层

现在转到有机层,在此,自我组织的主要的"舒张"和"收缩"过程是我们熟知的随机的基因突变和自然选择或生态选择。突变带来差异,而选择机制则使这些差异得以固结在不同的器官和物种之中。这时,在有机层中,似乎"生命"就是通过试验各种不同的"解决之道"来回应"问题"的——比如,对于感光性如何促成营养摄取的问题,眼睛和叶绿素就是两种完全不同的"解决之道"。可若再想一想,就会发现,混沌系其实总是会为各种"问题"提供诸多解决之法:比如,山川就是对地壳构成性压力的一种"解决之道";而钻石则是另一种"解决之道"。不同的只是,"生命"以更迅捷的速度进行试验,以更加令人炫目的方式进行差异化,经历更剧烈的兴衰成败,而"生命"所带来的"问题",在人类的生命形态看来,如果不是和它自身的某些问题相同,也更容易被看作是类似的——最显著的莫过于"生存问题"。由于时间量级与速度上的差异,我们很难将我们的生命与一块岩石的求生努力看作是一回事(尽管,它也一样,会以它自己的方式死去),而其他哺乳动物,甚至是植物的求生努力却常常令我们心有所感。无论如何,在有机层,生存,无论是种群的生存还是个体的生存,是一个首要问题,就此问题,演化给出了无穷的"解决之道",有些衰败了,而另一些却得兴盛(至少在某一段时间里)。演化并没有先定的进程:演化发生于一个开放的系统之中,而且它自身就是一个开放的系统,它以所谓"探头"(probe-head)试验的方式来运转,以经随机突变而偶然产生的生命形态去试验,然后试验不同的有机结构与各种行为模式,看它们能否在既定的生态环境中生存下来。在这个意义上,"生命"就是持续的自我扩张,最大限度地承纳尽可能多的生态龛位——也即,这一自我扩张须得考虑其他生态关联物种的持续生存,以及生态系统、生物圈和我们所知的混沌系的制约。

因此,我们可以说,在有机层这个坚实平面的范围内,"生命"的首要"问题"就是生存,而演化则为生存"问题"试验出无穷的"解决之道"。可是,接下来我们就会发现有机层内部的一个重要的分水岭:一些物种开始通过社会化的自我组织的方式来着手解决生存"问题"。在颇具启发性的、相似的意义上,我会把它叫作"物种内社会组织""问题"("Intra-Species Social Organization"Problem;ISSO Problem)——我们有必要将它单拎出来,这主要并不是因为人类生命形态正是如此处理"问题"并为其试验出"解决之道"的,而是因为大量其他迥异的物种也要处理这个"问题",只不过它们的方法在程序上不同罢了。比如,昆虫就是根据严格的形态发生上的差异和一成不变的化学信号来进行社会化自我组织的——与我们的方式非常不同(若不考虑人类性吸引与交配过程中的费洛蒙的作用)。牛在牛群中社会化地自我组织起来,狼则在狼群中社会化地自我组织起来——每个物种的运作遵循极为不同的原则,各自有不同程度的角色区分和不尽相同的协调机制,如此等等。那么,人类在多大程度上像畜群动物(herd animals)那样进行社会化组织呢,比如牛?——一个尼采会提出的问题。人类又在多大程度上像群集/猎群动物(pack animals)那样进行社会化组织呢,像狼群那样?——德勒兹和加塔利的问题。鸟儿通过唱歌标记领地来进行社会自我组织,但成群结队而行也是它们的方式。那么,作为人类社会组织模式的国歌与商业市场和以上鸟类的社会行为又会是怎样的关系呢?国歌和鸟儿们的领地之歌到底有多类似?市场行为和鸟群、鱼群在何等意义上是相似的呢?在何等程度上,如果真有的话,昆虫的社会组织方式在人类这儿仍然是有效的?人类的社会组织方式到底是更接近牛群还是狼群呢?我们是畜群动物还是猎群动物?如果,极为可能的情况是,我们并不单是其中一种,那么我们将会是怎样的配比组合呢?我们的哪些行为模式更接近畜群行为,哪些行为模式又更接近猎群行为呢?

　　然而,我们即将超越我们自己(一个反复出现的思之速度的问题):我们,还有狼,已经跨越了有机层中的第二道分水岭,种群学习与"问题"解决最终促成了个体学习。通过相互交织的差异化突变过程与物种固结成形过程,演化作为一个整体,通过试验各种或成功或失败的生命形态吸取教训。而之后,在一些群居物种(比如狼)中,学习的任务由种群内部的个体承接。昆虫就不是这样:它们可以聚集起来交换信息(以化学的方式),但它们无法习得社会角色,它们的群体角色是在个体发育过程中被编制好的。幼狼就不同,它们在狼群中与相对大规模的行为模式库进行戏耍,从而习得其社会角色及群体技能,在这个过程中,某一套行为模式被选中,并最终确定这只幼狼在狼群中将要扮演的差异化社会角色。"生命"在全物种范围内的试验促成了物种内以游戏为主的个体层面的试验。在此,我想提请大家注意,哲学并没有远远落在后面:幼狼在游戏中试验着它的社会角色,哲学家则是在探索德勒兹与加塔利(在《什么是哲学?》中)所说的思之"概念人物"(conceptual personae)。我们像狼那样从事哲学(而不像牛)。但我们仍然要问:我们像牛一样玩的又是怎样的语言游戏呢?(浮现于脑海中的选举修辞学是一例,广告宣传是另一例。)然而,我们即将再次自我超越。因为我们已经几乎毫无察觉地进入了异质成形层,或者说文化层。

异质成形层

我之所以说"几乎毫无察觉"是因为要在有机层和异质成形层之间划定边界是很困难的——而且,这一分界也并不对应人畜之别。鸟类的歌唱并不是通过遗传内在地被编制好的:在同一种系内部,不同地区的鸟类会有不同的歌唱,因此它们的歌唱可以被看作和一切人的活动一样,是文化的。德勒兹和加塔利在《千高原》中的某处(320)说过,"艺术的肇始无须等待人类"。正如我曾提请注意的,许多看上去明显是人类对"物种内社会组织问题"的"解决之道",在其他生命形态中其实有近似的等效物。许多许多的动物,不仅仅是鸟类,都会划定并且保卫它们的领地;在大致相同的意义上,人类在部落和民族国家中的生活同样会划定并保卫他们的领土。同样地,正如在许多动物那儿存在针对"物种内社会组织

27　问题"的畜群"解决之道"和猎群"解决之道",就人类的"物种内社会组织问题"而言,也存在定栖的"解决之道"和游牧的"解决之道",就此,德勒兹和加塔利探讨了定栖的国家形态与游牧的战争机器。再谈商业市场,市场代表的就是另一种对"物种内社会组织问题"的"解决之道",一种类似鸟类的聚集行为的"解决之道",因为市场培育了日渐细分并整合的劳动力——不断进行下去直到资本主义的到来,它显著地促进并加快劳动力的分化与整合。最后,人类的情形之所以与凡此种种的"解决之道"不同,则在于人类的社会组织会遵循表象的"象征秩序"——也即取径语言的象征系统、符号和货币。而且,正是在此意义上,在对坚实平面做符号处理的意义上,提出"问题"并试验"解决之道"达至其极限速率,延展至其最大疆域。

　　相较于其他动物(以及植物),人类面对生存问题的方式还有另一个特别之处:人类自主地生产生活资料的方式在其他动物中是罕有的,它在历史中所呈现的不同形态被马克思主义者称作生产方式。德勒兹和加塔利会把文化巨型层叫做"异质成形的"层,部分的原因就是为了强调一个事实,即人类(在略低一点的程度上,也包括其他一些物种)不是仅仅消耗环境的供给,而是主动地改造环境。然而,德勒兹和加塔利在谈论经济生产与社会生活的其他方面的关系时,所用的术语却和正统马克思主义的经济基础—上层建筑截然不同;德勒兹和加塔利是用"潜在的问题"和"现实的解决之道"来谈的。德勒兹在《差异与重复》中说,

　　　　在最严苛的意义上,只有经济社会问题,即使这些问题的解决之法可以是司法的、政治的或意识形态的,即使这些问题可以在这些解决领域里获得**表达**……这就是为什么"经济问题"从未被恰当地谈论,而是指向一个亟待解读的差异化的潜

在,总是被现实化的形式所遮蔽的潜在;[也就是说]一个题目（theme）或"问题"（problematic）总是被其得以解决的方式遮蔽了。

（《差异与重复》,第186页,楷体强调为本书作者所加）

换言之,经济问题是一个潜在的"问题"结构（怎样生产生活资料以保障生存）,不同的社会（或不同时期的某个特定的社会）提供不同的现实的"解决之道"——就如同为生存计,鸟的翅膀、鱼的鳍和哺乳动物的腿,为生物的运动"问题"提供不尽相同的"解决之道"（参看《差异与重复》,第207页）。

将生产方式理解为人类社会进行自我组织以面对生存"问题"的不同方式之后,德勒兹和加塔利进一步勾画出了（在《反俄狄浦斯》中）三种自我组织的历史机制,"原始"生产方式被称作"编码"（coding）,"蛮人"生产方式被称作"过度编码"（over-coding）,而"文明的"或资本主义的生产方式则被称作"公理化"（axiomatization）。值得注意的是,这些"解决之道"竟都是围绕着债务管理而展开的;马克思认为生产是首要问题,德勒兹和加塔利则更受益于尼采而不是马克思,他们认为,在任何一种社会的形成过程中,债务才是首要的组织元素。那么社会是怎样处理经济所提出的问题的呢? 就是对驱动生产与交换的债务关系系统进行组织:在原始阶段,有限的、短期的债务成拼布状组织;在蛮人阶段,无穷的债务单向地归于专制君主、头领牧师或国王;在资本主义阶段,一份同样无穷尽的债务则归于资本。这些"解决之道"或许有错（虚幻的,或"意识形态的"）,但它们却以人类独特的方式有效地组织了生产和交换关系以应对生存"问题"。

在所有三个巨型层上,物质都通过自我组织来回应各种不同的问题,然而其自我组织的方式却是彼此截然不同的。在无机层,

物质的自我组织与物质自身处于同一平面;它进展缓慢,几乎没有
什么自由度。相反,在有机层,自我组织的过程以基因遗传编码的
形式转移到另一个不同的平面;因为这一转移,变异的数量和速度
都急遽增加。最后,在异质成形层,人类的自我组织则主要发生在
符号表征平面上,通过声音、物体和图像来确立债务系统和生产系
统——在此,可能性的量级和变异的速度都呈指数增长。

29　概念与问题

　　至此,我们便可对德勒兹与加塔利用来分析人类应对"物种内
社会组织问题"的"解决之道"的三个主要范畴种类做出一番审视:
类型的(typological)、综合的(synthetic)与分析的(analytic)。我方
才已经简要介绍了"解决之道"的各种类型范畴,其中最重要的是
"国家形态"和战争机器之间的对峙。同样重要的还有综合的范
畴,或曰"力比多的生产方式",它最早在《反俄狄浦斯》的第三章中
被提出,而后在《千高原》中又以略微不同的方式出现——正如我
们所看到的,三种方式中,每一种方式自身都是一种应对人类"物
种内社会组织问题"的"解决之道"。在《千高原》中,现代的"解决
之道"经由另一套反映"更细分的解决之道"(sub-Solutions)的综合
范畴而获得更进一步的分析:自由主义、法西斯主义、极权主义和
威权主义。然而,《千高原》在方法论上的最为独特之处是它避开
了普遍的、综合的范畴而转向远为更加具体的、分析的范畴,这些
范畴更精细地区分异质成形层自我组织所在的"象征秩序"平面的
组成成分。因此,一种力比多的生产方式应被看作是众多不同成
分组成的一个装配,而不是孤立的统一体。"象征秩序"的最重要的
组成成分包括语言(连同符号建制)和货币(作为捕获装置)。关于
"象征秩序"中社会组织的这两个要素,最重要的或许莫过于它们如
何相互作用,以及在某些情况下,它们是如何相互抵牾的:它们既是

"层化"(stratification)的要素,也是"去层化"(de-stratification)的
要素。

作为一种沟通工具,或作为常识施加其影响的工具,语言代表
了畜群行为,它将共有的正统观念固结为一个层,并显示出与"辖
域化"(territorialisation)和"国家形态"的紧密关联。在此,货币作
为市场现金交易的中介,通过对经由常识表达而固定下来的意义
(它也就成为常识的一部分)的解码而促成"解域"(de-territorialisa-
tion)。然而,作为创造性思维的工具,语言可以勾连"物种内社会
组织问题"的各种不同方案,并试验所有的潜在"解决之道"。事实
上,在由全球市场建构的这个相对的解域环境中,政治哲学恰恰是
绝对的解域的要素,德勒兹和加塔利就是这样在《千高原》以及之
后的《什么是哲学?》中实践这一政治哲学的。政治哲学创造的概
念(正如我刚才介绍的那些)构成了许多不同的勾连人类"物种内
社会组织问题"的方式,常常关涉"物种内社会组织问题"的"非人
的"(non-human)或"前象征的"(pre-Symbolic)情形(正如我们所
见的),而且有时(并不必然地)就是以这个"问题"的潜在"解决之
道"的形式勾连起来的。政治哲学家,就像他们的先行者狼,戏要
于各种不同的社会角色之间(或概念人物之间),尝试不同的潜在
社会性类型(畜群/猎群/鸟群),试验不同的已经实现了的社会组
织形式(原始的/专制的/文明的)——以这些方式进行思想实验的
目的就是要把握人类生命形态自我组织的巨大的潜在可能,这一
生命形态就从混沌系的进程中涌现,从地球生命的演化中产生,从
我们物种的历史中走来。因为思想实验、政治哲学家们的概念人
物——比如"分裂-革新者"(schizo-revolutionary)、非主流(the
minor)和"游牧"(nomad)——总是来自于一个特定的社会历史环
境,并在与这个环境的关系中被创造出来,以便根据去层化的线条
来勾画其层系图谱,因此,为了能够对这个社会历史环境作出反

馈,一些实践中的试验意图实现其潜在的可能,以不同的方式进行自我组织,以期变得更好。

如此一来,我们便可将《千高原》中的十五座高原所提出的"问题"最终分解成五类:

认识论问题　思想该如何运作才能与宇宙共思,而不是去思考宇宙,因而就能加速我们栖居之所的相对解域,有时足够幸运的话,甚至达到绝对解域的无限速率,或者"纯粹的内在性"(pure immanence)?"根茎"高原、"平滑与纹理"高原最直接地处理这一"问题","游牧学"高原的一些部分处理皇家科学与游牧科学以及公理体系和问题体系之间的差异。其目的是要发展出一种最适合通过生成来把握存在,通过潜在来把握现实的思想图像。

本体论问题　宇宙以及其中的生命如何能够以这样一种方式存在:它们既是变化的结果,同时又总是对未来的变化敞开怀抱。我们怎样才能依据生成来理解存在,依据差异而不是同一,来将存在理解为开放系统的一个动态的功能? 最重要的是,如此这般地理解世界到底有什么好处? 它怎样给我们的社会变化带来更好的前景? 最直接而又全方位地处理这个"问题"的是"道德地质学"高原与"迭奏"高原——前者主要处理无机层的问题,而后者则主要处理异质成形层的问题。

人类学问题　第三类问题可以被称作人类学问题,但仅仅在结构主义(反人文主义)的意义上关涉"象征秩序":人类的生命形式是怎样以象征的方式占据异质成形层的;人类的社会自我组织是如何通过符号来实现并在符号中获得反映——怎样通过语言、货币与图像来实现的? 在此,相关的高原是"语言学公设"、"符号的机制"、"颜貌"和"捕获装置"高原。

伦理问题 人类个体要如何自我组织,才能与他人一道尽可能地实现既有成效又愉悦的去层化? 这里最切题的显然是"怎样使自己成为无器官的身体?"高原;但"一匹狼还是一些狼"、"三则短篇小说"和"生成"高原也同样处理伦理"问题"。

政治问题 我们要如何把人类生命形态理解为社会性的自我组织,才能使它既能解释畜群行为又能解释集群(猎群)行为,既能解释压抑的专制暴政又能解释外向扩张的经济帝国主义,既能解释严苛层化的约束又能解释去层化的逃逸?"游牧学"、"微观政治与节段性"高原最为直接地处理这个"问题",当然其他许多高原也会处理这个"问题",只是不那么显而易见罢了。

下一章将考察《千高原》是如何处理这五类"问题"的,并从认识论问题开始。

文本阅读

认识论

问题 思想该如何运作才能与宇宙共思,而不是去思考宇宙,因而就能加速我们栖居之所的相对解域,有时足够幸运的话,甚至达到绝对解域的无限速率,或者"纯粹的内在性"?怎样的思想图像才最适合通过生成来把握存在,通过潜在来把握现实?

主要资源 "根茎"高原、"平滑与纹理"高原以及"游牧学"高原的命题三和命题四(关于皇家科学、游牧科学以及精神学[noology])

我在上一章中所做的概述看上去可能像一个故事——从宇宙大爆炸开始,经历一些重要的分水岭:恒星的产生,"生命"的出现,社会性物种的诞生,等等——故事的结尾则落在对"物种内社会组织问题"进行试验的政治哲学这里。但是,实际上这些分水岭并不是依循线性秩序列布的:它们是一些共存的吸引域中的阈值,而不是一个一个彼此接替的阶段,仿佛某个宏大宇宙历史的一部分。为了一定程度上不给人任何线性历史的感觉(如果《反俄狄浦斯》

的内容没有给人这种感觉的话,它的叙述方式却不幸地使人产生
了线性历史的印象),《千高原》通过标注日期的高原来做布局——
这些日期不仅没有按时间先后秩序排布,它们甚至都不属于同一
个时间量级(比如一个高原被标注为公元前 10000 年,另一个高原
则被标注为 1947 年 11 月 28 日)。每一座高原上——高原的数目
必定在 15 到 1 000 之间——都上演着一场创造或更新概念或概念
装置的思想实验。在此,哲学概念不是柏拉图的"理型":哲学概念
总是从哲学之外的现实事态中提取而来,从为潜在之域提供哲学
家称之为持久意义的前概念"事件"中提取而来。在此意义上,哲
学家自身(或者他们的哲学)就可以被看作是"事件",其他学科的
发现也是——科学、艺术、人种学、数学、文学等——因此,从现实
事态中提取出的概念创造就伴随着从其他学科的成果中蕴育出来
的哲学概念创造,以及对以前的哲学所作的概念更新。无论如何,
一座高原上的日期标识的是一个特定的前概念"事件"获取其迄今
为止最高的现实历史强度的时刻或状况,即使其持久意义显然并
不局限于这一时刻,即使在标注日期的"事件"之前或之后的某些
情况下,它可能会在一个较低的强度上进行重复。哲学从外部"事
件"提取概念的目的是要将它们推向思的极致(以无限的速率进行
解域),追求强度的最大化,将它们变形和催化反应的潜能发展至
极限,最终能够重新介入其他环境以便改变环境——希望这改变
是向好的。(批判性的概念是如此,肯定性的概念亦是如此:比如,
"颜貌"[faciality]概念就力图最大化概念的诊断力,而"游牧科学"
概念则力图最大化概念的建构力。)

所以,哲学总是运转于(什么和什么)"之间"(in-between)——
或者更好的说法是:"在其中"(au milieu),在此,它既指在上下文之
中,也指在情境中(如萨特会说的那样;而不是无处不在),在前哲
学的事态和学科(哲学从中提炼出哲学的潜质)与后哲学的活动之

间(比如试验,在这些活动中,那个潜质得以被验证或被反证)——
至少目前的情况是如此。也就是说,哲学概念从外部环境或其他
学科中提取出的,不是一个本质或一种观点,而是一种趋势,一种
变化的导向(orientation-to-change)。德勒兹与加塔利坚称,"我们
绝不会为我们的概念冠以科学之名"(22)。换言之,哲学的问题从
来都不是"它是什么?"(存在的问题),而是"它朝哪个方向而
去?","多快?","又和什么一道?"最终,哲学的核心问题不是"它
是什么?"而是"它能成为(生成[become])什么?"一种哲学能从其
外部发现或提取出什么样的趋势、什么样的生成,主要得看这种哲
学是依据怎样的"思想图像"来运转的。每一种哲学都会通过选择
它要处理的问题、建构提出这些问题的方法,并确定以何种"解决
之道",如果有的话,来应对问题,从而形成这种哲学的独特取向,
据此区别于其他哲学。而这个思想图像则会选定它的概念要从既
定的外部提取哪种或哪些趋势。当然,这就要求,在哲学上,至少
得有一种最起码的对事态和其他学科的正确理解:在某种意义上,
外部的趋势必须真的与哲学的趋势相关或相联——如此一来,
一种介于两者之间的"双重生成"(double-becoming)才得以可能。
然而,趋势的选择仍然更是一种艺术,而不是科学——正如尼采所
说,你必须善于发现它,能嗅到艺术的那味儿。

35

　　然而,必须要指出的是,思想图像在《千高原》中的状态是模棱
的——而这种模棱在此恰恰为认识论问题提供了一个框架。正如
我将要指出的,这个问题总是以纹理空间与平滑空间之间的差异
为中心,以皇家科学与非主流科学之间的差异为中心,以国家形态
的思与游牧之思间的差异为中心。而之所以会有这一模棱,恰恰
是因为被推向极致的游牧之思——这毕竟就是哲学的追求——最
终将不会有任何思想图像。思想的速度和趋向与其外部的速度和
趋向如此精确地相互关联,以致于它们之间的思想图像变得多余,

于是彻底消逝：思于是完全内在于其所处的环境之中。德勒兹和加塔利解释到，游牧的"思之外在性形式"绝"不是……与国家机器所激发的思想图像相对立的另一种图像，而是一种既摧毁图像又摧毁其复本，既摧毁模型又摧毁其复制的力……"（377）。然而，《千高原》却恰恰是以一个思想图像来开篇："根茎"高原；然后兜了一个整圈最终以一座完全致力于模型的高原（"平滑与纹理"高原）为全书作结。[1] 他们也承认把《千高原》写成了"一块由许多高原组成的根茎"，还说"赋予它一个循环的形式……只是为了玩笑而已"（22），但我确定，他们这么做一定还有其他原因。在某种意义上，他们必须以一种循环的形式来写就《千高原》，以研究思想图像（既有树形思想图像也有根茎形态的思想图像）的高原开篇，然后以研究空间模型（平滑空间与纹理空间）的高原作结——否则，当高速的、不受图像制约的游牧之思最终抵达这最后一座高原时，到底会是怎样一幅景象呢？它将会是一副陈腐模样，一本树形结构的书依循着一条线性论证最终抵达一个激动人心的结论。其实，他们从格列高里·贝特森那儿借鉴的对高原的描述——"连续的、自震荡的强度区域，其发展决不会导向某个定点或某个外部的终点"（22）——显然也适用于《千高原》全书。他们的思想如此恰到好处地达至其最高速率，不是在终点，而是"在其中"：在中间——并向四面八方而去。他们说道，"中间（le milieu）决不是一个平均值"；"相反，它是事物获得速度的地方"（25）。因此，他们虽然是以根茎和书这两个对立的思想图像开篇，但实际上他们"援引一个二元对立只是为了质疑另一个二元对立而已"——在此，诸多其他二元对立中的一个便是书作为世界的表象：

1　严格说来，"平滑与纹理"高原之后，还有第十五座高原，但这座高原实际上是对书中的一些重要术语做出某种注解索引，并没有增加任何新内容——因此我不会在下文中谈及这座高原。

我们采用二元对立的模型只是为了获得质疑所有模型的一个程序。对于解除这些我们本无意构建而只是借道而过的二元对立而言,每一次,心灵的校正都是必要的。所有这些二元对立都是我们的敌人,一个全然必须的敌人,是我们永远在重新布置的家具,通过它们,我们将抵达那个人人寻觅的不可思议的公式——多元论＝一元论(PLURALISM＝MONISM)。

(20-1)

他们最终以无穷多的模式作结(他们强调说,他们"非常清楚还有许多其他模式"[499]),只是为了示例"'和(AND)'的逻辑"——因为"树形模式强调的是动词'是'(to be),……而根茎的构造则是连词,'和……和……和……'(and ... and ... and ...)"(25)。("'和'的逻辑"呼应了《反俄狄浦斯》中德勒兹和加塔利所说的"生产的连结综合"[connective synthesis of production]。)

"引言:根茎"

那么根茎高原为我们提供的是怎样一幅思想图像,又为我们提供了怎样一种格式来撰写一本书呢?首先,它使我们能够与世界一同思考,而不是去思考世界——在"一同"这个词的两个意义上皆是如此:不仅把世界当作思考工具从而与之一同思考,我们也以世界自身思考的方式与之一同思考。早期现代的荷兰哲学家巴鲁赫·斯宾诺莎或许是德勒兹最重要的先驱者,他强调思是世界的一个客观属性,而不仅仅是思考主体的属性。从外部世界的"事件"中提取概念是一种与世界共同思考的方式。相反,思考世界则会引入介于我们与世界之间的表征-意义装置——这正是德勒兹和加塔利极力避免之事。表征与意义属于树形思想图像,并巩固这一图像,它强化了两个项之间的一对一的(或"一一对应"的)意义关系——不论是能指与所指之间的关系,还是符号与指示物之间的关系。德勒兹和加塔利青睐丹麦语言学家路易·叶尔姆斯列夫的观点,在他看来,表达平面和内容平面这两个平面共存于他所说的"交互预设"(reciprocal presupposition)之中。交互预设的意思是说,两项之中,任一项相对于另一项都不具有优先性或优越性,它们互相地构成彼此。因此,如根茎般写就的《千高原》并不表征或复制世界(将之视作指示物),也不指示世界的意义(将之视作所指),而是在交互预设中将自身与世界铰连起来。这就有点儿像索绪尔的能指与所指平面,它们是纯粹关系的结构,在德勒兹和加塔利看来,话语和外部世界两者都是"异质的多重性"(heterogeneous multiplicities),也就是说,它们各自都由无穷多的以最简单的零度可能关系模态共存的元素构成,此零度可能关系模态为"和……和……和……"之逻辑所指明(这个和那个和这个……直至无穷)。一本"根茎之书"(rhizome-book)所面临的挑战是要"寻找一个合适的外部,与之在异质性中进行装配,而不是找到一个世界从而复制它"(24)。书与外部的连结与装配之目的不是要如其所是的表征世界或其意义,而是,无论如何,要考察并把握其趋势或生成。

38 　　德勒兹和加塔利将他们执笔的这本根茎之书与其他两种"书之形态"及其相应的树形思想图像或模式对立起来,并将其描述为"主根书"(tap-root book)与"簇根书"(fascicular-root book)。主根书围绕单一的融贯原则或意义原则(通常是根据作者的意图、特质或作者的授权)进行组织,以期表征世界或关于世界的某个优势的观点。这种类型的书,既是自洽的,因为从内部看它是完全融贯的;然而它又通过反映或表征世界与外部世界相关联。簇根是多元的而非单一的,但簇根书却仍然保留着主根书的某些重要属性。在此,主根书能够好好地理解并忠实地表征外部世界的那份自信消弭委顿,而这份无能则恰好成为贯穿簇根书之始终的原则,即使这样一本书的终极意义被无限延搁,并且/或者(and/or)需要无尽的诠释。德勒兹与加塔利总结道,"世界成为混沌,但书却仍是世界的图像:胚根状的(簇根状的)混沌界,而非根状宇宙,一个古怪的吊诡于是产生了:一本书越是碎片化,它反而就越加完好整全"(6)。正如我们将会看到的,这些树形思想图像既与"专制面孔"(Despotic Face)有相似之处(容光焕发的或全正面的面孔以及转过去的面孔),也与物理学模式相似(决定论和概率论的模式)。然而,勾勒出这两种树形书的轮廓,主要还是为了呈现书的根茎形态,它有如下几个区分性特征。

第一个特征是可连结性:任何一个根茎的元素都具有与任何其他元素相连结的潜质。毡制品便是根茎的一个实例,与织物形成对照。一块织物中的两股线,或属经线或属纬线,永不会交汇;但毡制品中的任意两股纤维,都可以根据其长度彼此交汇,它们之间的连结是多重而随机的。事实上,毡制品的强度恰恰来自于交汇的数量及其"全向性"(omni-directionality)。可是,作为根茎的例证,毡制品的劣势在于它的构成物(纤维)是同质的(植物的实例也都存在这个问题),但从哲学的角度看来,根茎本质上是异质的,此为其第二个特征。在哲学的意义上,"根茎不停地在符号链,权力组织,与艺术、科学和社会竞争相关的标记之间建立连结"(7)。甚至在其自身的平面上,话语作为根茎,仍然是"一个本质上异质的实在"(7)——一场"方言、土语、俚语以及各种专门语言之间的角逐",德勒兹和加塔利主张,"没有母语"(7)。相反,一种标准语言的出现,只是众多语言中的一种接管权力后的结果,这必然也与其他诸多因素有关,最显著的莫过于政治与人口因素。

哲学意义上的根茎的第三个特质是多重性。根茎的元素彼此共存,而无须任何结构(如毡制品)。任何结构或统一性都是强加上去的一个额外的向度,正如我们在普鲁斯特那儿看到的,结构和统一性只是权力施加于根茎自身共存的诸向度的一个效果:相比之下,结构化或者统一化则是"能指"的"过度编码"(over-coding)所带来的结果(比如,阴茎,"父亲"之名,"上帝或独裁者之言"),以及/或者是一个相应的主体化的过程(相关的例子包括,一个去势的主体,一个顺从的孩子,一个忠诚的信徒或臣服者)。在根茎的多重性之中,没有任何先定的点或位置,只有线条和在其交汇处偶然出现的随机的结节(毡制品)。而且,因为它们是异质的多重性,哲学意义上的根茎就像一块疯狂的拼布被单那样在不可预知的方向上(不像织物只能变得更长,而不能变得更宽),以不可预知的方式生长开去;此为其第四个特征。在哲学的意义上,根茎确实是经由其外部而在边界上被界定的,是由将之连出自身之外并将之改变的"逃逸线"而界定的。来看德勒兹和加塔利最中意的例子之一,兰花与胡蜂都将对方的表面-显色编码进行解域,而这只是为了根据它们自己的需要对之进行再辖域(re-territorialize),此过程既是兰花繁殖系统的一部分,也是胡蜂的营养运动-图示(nutritional motor-schema)的一部分。这是双重-生成的又一实例,在生物学中就是大家都知道的"非平行演化"(a-parallel evolution)。这样一来,加之对广泛存在于各演化线路之间的基因信息传递的发现,生物学不得不放弃旧的树状演化谱系模型,而接受演化谱系的根茎模型,在这个新模型中,"不同演化线路之间横贯的交流使谱系树变得不知所云"(11)。"书的情况也一样",德勒兹和加塔利想提请我们注意:根茎之书"并不是世界的一幅图像……它与世界一道形成一片根茎,[于是]就有了书和世界之间的非平行演化"(11),一种书和世界的双重生成。(至少这是我们所希望的,"但愿[书]能做到":毫无疑问,解域在写作领域要比在世界之中更加简单快捷——速度同时是哲学思考的福音与毒药。)为了实现与世界的双重生成,或者如我所说,与世界一同思考,一本根茎之书应该如绘制地图一般(cartographic),而不是像摄影那样(photographic)——此为根茎的第五个特征:绘图(mapping)与描摹(tracing)不同,且比描摹更加可取。描摹只是复制凝固在表象中的对象;绘图则标示出它变化的趋势和潜能。"绘图之所以与描摹不同",德勒兹和加塔利解释道,"在于[绘图]完全导向与实在之间的一场试验"(12)。他们明确地批评描摹所遵循的遗传的、结构化的模型,这些模型在精神分析与语言学中占主导地位。这样的模型所做的,只是平息并压制它们根据先定的模型自身的坐标轴所描摹的多重性的不竭的活力,因此,这一描摹并没有真正复制出对象的所有不确定性及其活力,而只是复制了这个模式本身。(这个做法是德勒兹和加塔利在从弗洛伊德到克莱因、再到拉康的所有精神分析文献中批评的靶子。)

> 这便是描摹之所以危险的原因。它带来冗余,并使之泛滥。描摹从绘图和根茎那儿复现的只是一些停顿、阻塞、一些初期的主根或者结构化的点。看看精神分析和语言学的情况吧:精神分析所做的一切不过是对无意识的描摹与摄像,而语言学所做的一切则不过是对语言的描摹与摄像,带来各种对无意识和语言的歪曲(精神分析把它的命运拴在语言学身上也就不足为奇了)。

(13)

相反,绘图则追随多重性的各条不同线索,评估并与它们的逃逸速度进行试验,评估它们潜在的变化,聚焦并强化其逃逸线。如果不是因为其逃逸线以及与兰花的双重生成,一只胡蜂对哲学能有什么意义可言?(在此,哲学仍然是与世界一同思考。)

而且,在另一个意义上,其实哲学也是与大脑一同思考。只

是,这里的大脑本身就是一团根茎,神经元、轴突和树突构成一个
稠密的亚稳态网状组织,而不是一个稳定的、中心化的树形结构。
在同样的意义上,计算机信息科学近来对神经网络颇有兴趣,把它
看作与树形命令层级不同的另一种备选方案,为取代线性的、中心
化的系统而发展一种非中心的系统,它由

> 有限的自动控制网络构成,在这个网络中,信息在任何邻
> 位之间沟通,没有先在的管道或通路,所有个体都是彼此可替
> 代的,它们仅仅依据特定时刻的状态(state)而被定义——如此
> 一来,区域的运作得以协调,最终的整体结果得以同步,而无
> 须一个中央机制。

(17)

就此而言,对此协调活动的"问题"的"解决之道"并不限于计算
机科学,也不限于人类:因为这也正是鸟儿群集、鱼儿群游的方
式,如多重性,通过鸟群或鱼群中各成员的速度、方向的强度状态
之间的完全局部的沟通而实现。(如此一来,我们又与世界一同
思考了。)这倒并不是说人脑总是这样运转;事实上,长时记忆似
乎或多或少呈树形结构,并有中心。而短时记忆则完全是根茎状
的,德勒兹与加塔利于是倡导用短时记忆和他们所称的"短时观
念"(17)来写书——这或许就是为什么他们的范畴始终处于流
变之中,并在高原之间变动不居的一个原因(毫无疑问,还有其
他许多原因)。这无疑也是他们要以这样一些口号为根茎高原
作结的原因:"生产根茎,而不是根,永不种植! 不要播种,而是
让侧枝生长! ……让线狂奔,绝不要标记点! ……采纳短时观
念。绘图,而不拍照"(24-5)。

"平滑与纹理"

"平滑与纹理"高原一开始就确认了范畴在高原之间的这样一种滑动,进而展示平滑/纹理之对立关系如何在由六种不同空间模型构成的系列中发生变化。在简洁明了地将平滑空间与纹理空间之间的差异匹配为游牧空间与定栖空间的差异,以及战争机器与国家空间之间的差异之后,德勒兹和加塔利强调"一种更加复杂的差异,有了这一差异,那些接续的对立项便无法完全对应"(474)。而且,尽管他们认为这两种空间之间"(理论上/原则上)应有"(de jure)的差异是显著的,但他们同时又强调这两种空间"实际上"(de facto)是以混合的方式、不断向彼此转换的方式而存在(甚至还有第三种空间,空间的杂交形式,他们称之为"多穴空间")。在此意义上,用动词形式来表示运动或过程就比用名词和形容词指示固着的类型要好:平滑化是一个过程,它可以发生在纹理空间里,就像纹理化作为一种运作可以发生于平滑空间。平滑化与纹理化更多地是能唤起联想的名称,使我们想到作为抽象机器在极为不同的各物质中运作的过程,接下来对各种模型的检视就将展示这一点。在此,我们没有必要细致地对这所有六种模型进行检视;而且,无论如何,正如我已经提到的,这座扼要的接近尾声的高原并不是《千高原》最有趣的思想之所在。但是,我会尽力指出,为什么在无数的可能模型中会选择这六种来检视,尽管这么做会太过简单化。

音乐模型 当代法国作曲家皮埃尔·布列兹首先创造了这些术语,他认为占据平滑空间者是不丈量不计算的,丈量计算是为了占据纹理空间。他对这些术语的使用也表明,在这两种形态的空间中,时间性问题——包括频率、暂停和节奏——都

42

是至关重要的。于是,把平滑和纹理理解为"时空"(space-time)类型更好。它们显著地与游牧高原的关键词"诺莫斯"(nomos[1])和"逻各斯"(logos)重叠,而整个讨论实质上与"迭奏"高原相呼应,与"生成"高原的最后一节"生成音乐"相呼应。最重要的或许是:根茎构成平滑空间并运行于其中,游牧民占据空间而不丈量。

技术模型 或许因为毡制品和织物的典型例子是如此的常见而又清楚,技术模型成为这个系列中第一个要展示的模型(尽管接下来拼布和刺绣之间的区别就不那么显而易见了)。但是,纹理化与始于柏拉图的国家形态的思之间的关联已经建立,柏拉图曾用编织来阐明国家统治。

航海模型 潜艇战争被视作典型的平滑空间中的战争机器运作的范例,但远在潜水艇发明之前,海洋已对纹理化提出了最纯粹的挑战,因为航海空间其实已经是同质化的了(常常就是纹理化的一个重要的结果),它没有地标或"特异性"以免除通过经纬度来定位的需要。相对于海洋,城市则可被看作是最纹理化的空间,它强化"城邦"(polis)和"逻各斯"(logos)之间牢固的亲密关联。

物理模型 古希腊人(从德谟克利特到卢克来修)发展出了一种平滑空间的科学,之后,便在启蒙运动的机械论科学的发展中被遗忘或者是被抑制了。继无首领社会(无国家[stateless])的平滑时空里的"自由行动"与帝国专制及资本主义这两种社会构成中都存在的纹理时空里的"功"之间的区分之后,纹理空间成为同时展开于现代物理和现代政治经济学的"功"这个概念的核心。其结果是进一步区分纹理化的资本与平

---

1 希腊文,意为规范、法律。——译者注

滑的资本,前者的缩影是工厂里的"泰勒化"(Taylorization),后者的缩影则是即时的全球金融资本流通以及与之相伴的无法对剩余价值所在地的精确指认。[1]

美学模型——副标题游牧艺术 平滑/纹理之区分并不与局部和整体之间的区别对应。而是,如德勒兹与加塔利所提议的,与局部的绝对和相对的整体之间的区别相对应。在游牧民的平滑空间里,局部是绝对的,因为你所在之处只是一个参照点而已,异质的空间仅仅依据你行进的方向和速度而展开。纹理空间则是相对的、全局性的,因为任一位置都与所有其他位置相关联,它们被绘制进一个囊括(并过度编码)完整整体的同质性公制空间之中。

44

数学模型 这一节关注到之前的"拼布"作为平滑空间的讨论(此高原的开篇插图就是一块拼布被单),并将之与黎曼数学和非欧几何的严密性相关联。[2] 这大致平行的两种几何学之间的区分——主流与非主流——和两种数之间的区分——游牧之数与中央国家之数(nomadic numbers and State-centric numbers)——强化了"游牧学"高原已经提出的皇家科学与游牧科学之间的区分,关于这一点,我接下来就将谈到。

但是,请先注意一个颇具讽刺意味的事情,在检视过这六种空间模型之后,德勒兹和加塔利发出的指令竟然是:"勿要增加模型"(499)。首先,这一声明强化了《千高原》的一个更大的讽刺,即以

1　泰勒化是指 19 世纪 20 世纪之交的工商管理咨询师弗雷德里克·温斯洛·泰勒所发展的一套程序,依循这套程序,每个工厂工人的动作与活动都被分解为最小单元,然后再把它们重新组合起来以最大化工作速度与效率。通过泰勒化,工厂(车间)成为一个彻底的纹理化空间。

2　伯恩哈德·黎曼是 19 世纪具有开创性的德国数学家,他的一个创新是用三个或四个以上的维度来对物理世界进行建模;黎曼几何成为传统欧几里得几何学之外的一种重要的选择,并为爱因斯坦的相对论提供一个基础。

思想图像开篇并以空间模型作结,而《千高原》的主要目的却正是
要将模型和思想图像都超越掉。之后,"平滑与纹理"高原以另一
种劝诫作结:"绝不要以为一个平滑空间就足以拯救我们"(500)。
鉴于他们对当代全球资本生产并占据平滑空间的倾向的解释,这
一点便尤为重要。平滑空间的特征仍然是至关重要的,因为,即使
"平滑空间自身并不是解放性的,……然而,正是在它们之中,斗争
发生着变化与转移,生命重建它的关切,它面临新的障碍,转换敌
手"(500)。平滑资本就是这样一个新的敌手,不言而喻,要与之斗
争,就必须以与之相应的方式重建斗争的抵抗模式。

"论游牧学——战争机器"(1)

　　"游牧学"高原的命题三与命题四详述了国家形态的思与游牧
45　之思之间的分别,并断言"战争机器的外在性[相对于国家]……被
认识论所证实,它揭示了某种'游牧科学'或'非主流科学'的持续
存在……[而且]最终也被精神学所证实"(361,374)。(德勒兹和
加塔利用"精神学"指对思想图像的研究)在此,国家形态的思获得
了最全面的诊断。国家之思是层化的思。它的基础是国家权力与
普遍理性的双重咬合,彼此相互成就,为对方提供辩护:国家权力
为理性提供一个现实,以及一个独属于理性自身的空间,如德勒兹
与加塔利所说,一个"内部";而理性之普遍性则授予国家其普遍的
正当性。"只有思想才能罗织出这样一个原则上应该是普遍的国
家的故事",他们强调,"[只有思想能够]将国家提升到一种"原则
上应有的"(de jure)普遍性的层次上"(375)。同时,每一个咬合的
平面自身又是一个双重的咬合:正如"游牧学"高原开篇数页所描
述的那样,国家权力建基于专制君主和立法者的双重咬合之上,建
基于制约者(binder)和组织者(organizer)之间的双重咬合之上;另

一边,普遍理性则由一个"真理"帝国和一个自由心灵的共和国之间的双重咬合构成。[1] 柏拉图理所当然地代表了国家之思的到来或国家之思的肇始"事件"（这也是"逆转柏拉图主义"这个"问题"对于德勒兹的工作而言十分重要的一个原因）。在柏拉图的"自由心灵"的《理想国》中,专治君主掌握"真理",而城邦居民,在多大程度上采纳理性之普遍性,在多大程度上拒斥不健康的趣味和过度的野心,就能在多大程度上"自由地"成为他们"真正"之所是。在此,为了支持专制君主,咬合的两端似乎远远地断开、失去平衡,至少从现代的眼光看来是如此——很可能是因为康德早就为我们将两者合并起来了。因为,在康德那里,立法者和国民,专横的"真理"与附和的(assenting)心灵,都汇合于绝对命令:"必须理性:服从你自己"。这一现代的迭奏在著名的德国理念论者 G.W.F.黑格尔的国家理性的哲学那儿获得了回响,当然,这回响也发生在法国社会学家埃米尔·涂尔干的"共和主义"的社会学中,如此等等,不一而足。

游牧之思

国家之思看上去无处不在这一情况,引发了"游牧学"高原所提出的第二个正式的"问题"。第一个问题是"有没有一种避免国家机器形成的办法?"(356),第二个问题是"有没有办法将思从国家形态中解脱出来?"(374)。问题的答案是肯定的:出路由德勒兹和加塔利所说的游牧战争机器的"外部之思"构成(376),许多反传统的思想家的表述也是如此,比如索伦·奥贝·克尔凯郭尔、弗里

1　令人费解的是,Massumi（译按:《千高原》的英译者）将法语的"esprits libres"译作"free spirits",而更准确的翻译应该是"free minds",尤其是考虑到上下文（哲学的）以及"free spirits"在英语中误导性的涵义（指行为无节制的人）。

德里希·尼采、安托南·阿尔托、海因里希·冯·克莱斯特和莫里斯·布朗肖等[1]。在最严格的意义上,游牧之思实际上会变得无从界定,因为它没有自己的思想图像:它摧毁了所有的思想图像,消除了"所有将思臣服于'真'、'正义'或'公正'的模型的可能性"(377)。这些模型,以及一般意义上的思的国家形态,是以一定的方法为基础的,它规定思在纹理空间从一个点通往下一个点的过程中必须遵循的路径(比如,首先要质疑,然后清楚地构思,之后确保其结果[勒内·笛卡尔的《谈谈方法》便是如此])。而游牧之思,却没有方法:在其进程中的每一个点上,它都必须根据对这一时刻的外部运转之力所做的即刻的评估,当场选出一个行进的方向。"在禅的平滑空间中",德勒兹和加塔利认为(他们不怀好意地,用哲学自身边界之外的一个思想图像,来搅扰哲学的准则),"箭矢并不是从一个点去向另一个点,而是在任一时刻被拿起,掷向任何其他方向,并随射手和靶子而变换方向"(377)。想象这样一种箭矢飞行的轨迹,它既不受制于发射它的射手,也不受制于被设为目标的靶子——就试着想象一下吧!这是一种思想图像吗?但这难道不正意味着思"在其中"(au milieu/in the middle)逃逸吗?难道鸟儿不正是如此群集,爵士音乐家不正是如此即兴演奏的吗?(这般地与世界一道运思是否也有其思想图像呢,或者已经没有必要了?)

可是,即使游牧之思不能从方法论上做出界定,它的一些进程却是完全可以把握的,或者至少通过启发的方式来暗示。德勒兹

1　索伦·奥贝·克尔凯郭尔,19世纪丹麦哲学家、神学家、诗人和社会批评家;弗里德里希·尼采,19世纪德国哲学家、诗人、文化批评家和古典语文学家;安托南·阿尔托,20世纪法国早期剧作家、诗人、演员以及戏剧导演,多年在疗养院生活;海因里希·冯·克莱斯特,18世纪19世纪之交德国诗人、剧作家、长篇小说家、短篇小说家,最后杀死他的爱人并自杀;莫里斯·布朗肖,20世纪法国作家、哲学家、文学理论家,其智识观与德勒兹、德里达和福柯相近。

与加塔利于是将属于国家之思的准则与游牧式警句（它伟大的践
行者尼采）两相对照：作为封闭形态，准则要求服从，而作为开放形
态的警句则鼓励诠释，且"总是期待外界之力赋予它意义……这外
界之力必须征服它、降服它［从而得以］利用它"（377）。游牧之思
是战术性的（tactical），而不是战略性的（strategic）（法国后结构主义 47
哲学家米歇尔·德·塞都从普鲁士军事理论家冯·克劳塞维茨那
里攫取了这一对概念）：它以变动不居的速度和方向穿行于一个矢
量空间之中，而不是在纹理空间中建构稳定的普遍模型。就仿佛
在其轨迹的任一点上，箭矢都必须做出即刻的、短时调整，以补偿
侧风的速率，而射手最初的目标早已被遗忘，靶标自身也不断改变
位置和方向——比如，平滑资本的靶标作为移动的靶标，成为新的
竞争对手。德勒兹和加塔利所意指的思想的"速度"（箭矢），正是
由这些调整的频率和等级来决定的，而不是由它飞向某一靶标的
速率决定的。与事先规定速率及其方向的低速方法不同，高速游
牧之思的特性是它能统摄或纵览它绘制的"事件"或"问题情境"
的所有"有意味的"（Significant）偶然性：正是因为游牧之思以无限
速度移动，它才能尽绘"理应属于哲学"的所有"有意味的"偶然性
（正如德勒兹和加塔利在《什么是哲学？》中所言），而不被既定的方
法或思想图像阻碍或（误）导（（mis-）directed）。如此一来，它便总
能看见哪怕是移动的标靶。

于是，游牧之思便契合了德勒兹和法国后结构主义哲学家、思
想史家福柯关于思想的一个描述：思想仿佛是一种"居间的"（in-
between）接替，在一种对于世界的老旧的、已经力量殆尽无法引发
变化的实践取向，和另一种更新鲜的、有望更加有生产力的实践取
向之间进行调解。请看德勒兹与加塔利对游牧之思的一个生动描
绘：是思

与外界的力搏斗,而不是被一种内在的形式所收纳,它以接替的方式运转,而不意图形成图像;[它是]一个思想-事件……而不是一个思想-主体,一个思想-问题,而不是一个思想-本质或原理;它呼唤一个民族的到来,而不是把自己当成一个政府部门。

(378)

这一呼唤的性质至关重要。它呼唤的并不是由纹理空间中"理性共和国"的"公民-主体"构成的民族,在那儿"真理"统摄"所有存在","存在"于是被理性"主体"转化成"为我们的存在"(being-for-us)。这一呼唤发生于"问题"的矢量空间中,通过感染或点燃热情来运作,而且它是对一个"未来的民族"(people-to-come)呼唤,正如德勒兹和加塔利反复说到的,这些人只能来自于被压迫的种族或部落。通过引用法国前卫诗人阿尔图尔·兰波(《反俄狄浦斯》以来),德勒兹和加塔利强调,"游牧之思并不与具有普遍性的思之主体为伍,而是相反,与一个特异的种族同行"(379),而且,它的双重咬合并不将"普遍的理性主体"与"整体之真理"勾连起来,这一咬合,实际上以一种互惠的双重生成的方式,发生在被压迫并以群集或部落方式运转的种族或群体与"问题的"平滑空间或"绝对-局部"的"环境"(milieu)之间。

游牧科学

"问题之思"到底怎样与"本质之思"或原理性的思相区分呢?在"游牧学"高原中,命题三通过区分游牧科学(或非主流科学)与皇家科学(或国家科学),来处理这个问题。虽然国家科学在西方已经占据主导地位,尤其是启蒙以来,但游牧科学其实有着漫长的通常处于地下状态的历史,这一历史甚至可回溯到古希腊,而且直到今天,即使在国家科学的统治之下,它仍然在发挥作用。几个世纪以来,现代国家科学依据两种基本的形态或思想图像而运转。第一种形态是牛顿力学,根据牛顿力学,时间是可逆的,宇宙是完全可预测并被决定的。第二种形态是热动力学,根据热动力学,时间是不可逆的(正如热力学第二定律,即熵增定律所表述的那样),宇宙也不再是完全可预测的,而是或然的。这样一来,对于一份给定的有限能量(根据热力学第一定律它既不能被创造也不能毁灭),宇宙必将不可逆转地趋向(根据熵增定律)它最可能的状态(有时被称作"热寂"[heat death]):全宇宙的物质与能量的绝对平均分布以及差异的消亡。牛顿力学通过限定一个给定的运算中的变量的数目,在决定论的意义上使宇宙成为可预测的;线性的热动力学则通过将宇宙看作一个封闭系统,而在或然论的意义上使宇宙成为可预测的。德勒兹与加塔利所援引的非线性的复杂性科学,虽然也承认时间的不可逆性,但却把宇宙看作一个开放系统(一个"混沌系"),于是,涌现(emermgence)的过程和自我组织便成为可能。我们将会看到,游牧科学的"问题"导向的特征使它特别适合追踪这样的过程。

为了展开对游牧科学的探讨,德勒兹和加塔利首先勾勒出它的四个特征:

1)它强调流体而不是固体,因此

2)着重于生成与异质性,而不是固态物理的稳定性和恒常性特征。

3)它的基本特征是不可预测的转向(卢克来修的"偏离"[clinamen])和涡流,而不是直线与多边形,它的背景由开放的、黎曼式的、平滑空间(也被描述为矢量空间或拓扑空间)构成,而不是由封闭的、欧几里得式的、纹理的空间(其典型形态是笛卡尔的坐标系)构成。

4)"最后",他们认为,游牧科学是"问题性的而不是原理性
的"——我能想到的最接近的一种解释,是把游牧科学比作
法国人类学家所界定的"修修补补的零活儿(bricolage)",
从而与工程活动形成截然对照:游牧科学通过"经验法则
(rule of thumb)"来运作,就手边任何有用的资源行事,而不
是严格遵循国家科学所颁布的自然或物理"法则",并根据
先定的蓝图获取并/或制造一切所需之物。

德勒兹和加塔利描述了两种欧洲前启蒙时代的教堂建筑方法
以作为例证。一种方法是依事先绘制的完整建筑物蓝图来营造,
从这份蓝图中获取的模板用来指导建筑石材的采石与精加工,很
久之后这些石材才真正落实到位。另一种方法则是临场营造
(building on the spot),可以说是名副其实的一切从零开始,熟练的
工人依经验法则按营造进程所需进行石材切割,在营造过程中遇
到特殊形状的石块,便在垒砌下一块石头时做出调整以兹抵偿,如
此等等。在这一点上,我们便可以理解为什么国家概念追求清楚
明白而游牧科学概念看起来却模模糊糊:圆(circle)是国家科学的
一个观念(一个典范);"圆形/圆度"(roundness)则是一个具体的、
可感知的——尽管总是不够严密——典型的游牧科学的属性。德
勒兹与加塔利认为,"国家总是持续不断地生产、再生产出完美的
圆,而真要使某物变圆,就必须有一个[游牧]战争机器"(367)。
较之于这两种营造方法在原则上(de jure)的区别,更重要的是它
们表达出了两种极为不同的工作方式与生命形态——在此,它们
一面表现在石匠手艺人群体中,另一面则体现在教堂建筑师和工
程监理那儿——这两种形态处在永恒的博弈之中。德勒兹与加塔
利解释到,实际上有"两种形式上不同的科学观念"在竞争"本体意

义上的唯一一个交互的领地,在此,皇家科学不断地将游牧科学的内容占为己有,而游牧科学则不断地松解皇家科学的内容"(367)。就在这时,看似一个关涉科学的认识论的讨论之中,"何为集体的身体?"的"问题"突然出现!

后续章节里,我们会看到,在一个重要的意义上,这正是整个"游牧学"高原的中心议题:游牧主义表达了一种特殊的社会凝聚力,一种人类的"物种内社会组织问题"的"解决之道",而国家形态则构成了另一种"解决之道"。在此,德勒兹和加塔利的"游牧科学与劳动的关系有别于[国家]科学"(368)。事实上,无论过去(还是现在),国家一直都与石匠手艺人(journeymen stonecutters)这样的群体相龃龉,这些群体的机动性及其自治对国家的管理与控制构成威胁。国家的"解决之道",过去是(现在仍然是)设计出一套严格的脑力劳动与体力劳动的分工方式并强化这一区分,(在建造教堂的例子中)则是一面要求教堂按事先设计的蓝图来建造,一面将石匠的工作还原在建筑师指挥下的机械的执行(就此而论,俄裔美籍新自由主义小说家艾茵·兰德[Ayn Rand]会将其最具影响力的寓言的主人公设定为一个建筑师就并非意外了)德勒兹与加塔利解释到,两种科学形态都会进行平面的构筑,但

> 与哥特工匠们的"地水准平面"(ground-level plane)相对立的,则是置身于工地之外的建筑师们在纸上画出的"公制度量平面"(metric plane)。[工匠的]融贯性或组合平面与另一种组织性或形构平面相对立。与正方形切割石料相对的是借助于模板的切割,后者意味着建立起一个须被复制的原型。
>
> （368）[1]

51

1　参见《资本主义与精神分裂(卷二):千高原》,第 529-530 页,姜宇辉译,上海书店出版社,2010 年 12 月。——译者注

显然,这种对立不仅仅是一种认识论意义上的对立:它同时也是社会的、政治上的对立,且彼此互为预设。颇值得注意的是,国家会与游牧科学作对,"原因并不是游牧科学的内容不确切或不完备……而是因为它们会带来与国家规范相冲突的劳动分工"(368)。国家准则与国家形态的思的核心,就是德勒兹与加塔利(仿效法国哲学家吉贝尔·西蒙东)划归为形式质料主义的抽象机器。

自亚里士多德以来,国家形态的哲学之中流砥柱,形式质料主义认为,在形式将质性灌注进缺乏活力的物质之前,物质是未区分且无任何特质的;形式将特质强加于物质;物质必须遵守法则,否则便仍然是纯粹的未区分的混沌。这其实是新近的复杂性科学所彻底揭穿并弃置的一种观点。对形式质料主义的批判,为我们带来了一个至关重要的"追踪"(following)过程与"复制"(reproduction)过程之间的区分。国家科学建基于复制原则:缺乏活性的物质自身什么也不生产,而只是去复制形式法则分配于它的属性和行为,不仅如此,这些法则,也必须能通过重复试验而以绝对确信的方式被复制,才能算得上是科学的法则。任何变数都仅仅被看作是偶然事件,或干脆通过统计回归分析或其他方法而被清除掉。游牧的追踪原则就很不同了。正如古希腊人(与其他一些人)最早所发现的那样,流体的动态(不像大多情况下固体的动态)是无法被预测或复制的——它们只能被追踪。(比如,我们无法预测一个涡流到底会在一个液体流的哪一边成形,而一旦液流达到一定的阈值速率,涡流必会形成。)演化科学也是如此:它只能在"事后"(ex post facto)被追溯。从卢克来修到达尔文,再到海森伯格,以及之后,追踪已经是并且仍然是科学的一个重要原则,尽管它与形式质料主义并不相容。而后者却仍然遍布大部分社会和人文科学领域,包括哲学领域自身。国家形态的思之所以如此强大的一个原因就是,形式质料主义完美地适用于认识论问题,以及经济学和政治学的问题。脑力劳动高于体力劳动，统治者高于被统治者，灵魂高于肉体，形式高于质料，这些类同的对立如迭奏般彼此呼应，强化国家权力的统治，同时巩固国家之思的权威。

游牧科学则以不尽相同的方式区别于国家科学。正如我们所看到的，通行于国家科学的证实原则（经由复制），要求实验结果不受环境影响而被复制；在受限的变量所设定的参数条件下，无论试验发生在何时、何地以及由何人操作，实验结果总是相同的。国家科学的原理性的力量来自于对实验操作的剥离，把它们从特定时刻的、特定条件下的"具体情况中"剥离，从而使实验结果显得永恒而普遍。（这一观点对于像演化生物学这样的游牧科学而言就根本说不通，因为，如我上文所说，若将时间倒回并重启演化过程一百遍，则会有一百种不同的结局。）而游牧科学，则不受国家科学的自治与理论确定性的影响，如德勒兹与加塔利所生动描述的，它在"敞开的户外"（en plein air）进行试验，也即在具体的"实地"（on the ground）情形中，在此，无法通过控制变量来树立稳定的理论模型。德勒兹和加塔利认为，在这样的情形中，"游牧科学很快就超出了计算的可能性：游牧科学就处在这种溢出了复制空间的'超出'（more）之中，并很快就遭遇到一些在这种视角下无法超越的问题；偶尔或可通过临场的实际操作解决这些问题"（374）。不同于国家科学的自治及其对普遍性的主张，游牧科学是彻底实用主义取向的：它处理的是在外部世界中所遭遇的"问题"（而不是像国家科学那样处理自己的理论所给出的假设），其结果取决于"一整套集体的、非科学的活动"（374），而这些活动，仅仅在外部世界遭遇的"问题的"倾向与特定的有概念敏感性的、概念测试的集体活动本身的倾向——对应（且这些结果会依那些活动所试图引发的变化的种类而改变）的意义上（必然是在有限的意义上），才使这些结果生效。

于是,从一种极致的角度看来,游牧科学最终会不知不觉变成德勒兹与加塔利所界定并实践的哲学,科学与哲学处于一种彼此适宜的双重生成中——尤其是考虑到,如我上文已说到的,《千高原》正是要"让形而上学与现代科学相关联,正如现代科学就是一种潜在的形而上学的相关项"。但与此同时,这也给了德勒兹与加塔利的整个哲学努力一种独特的实用主义的色彩,因为,正如我们将在下一章节中看到的,它的根本取向与游牧科学一样地实用主义。

那么这些高原到底对《千高原》的总体计划有何贡献呢?他们各自都为《千高原》提供了一种格式和一种思想图像——根茎的游牧之思在平滑空间中运作;而与之相对的,树形的书的格式与思想模式、国家理性和国家科学则在纹理空间中运作。这一对照为后续的比较铺平了道路,包括纹理化与去纹理化之间的重要差异,辖域化与解域之间的重要差异,以及坚实性平面与组织性平面(plane of organization)之间的重要差异,我将在下一节处理这些问题。

本体—美学

问题   宇宙以及其中的生命如何能够以这样一种方式存在:它们既是变化的结果,同时又总是对未来的变化敞开怀抱。我们怎样才能依据生成来理解存在,依据差异而不是同一,来将存在理解为开放系统的一个动态的功能?最重要的是,如此这般地理解世界到底有什么好处?它怎样给我们的社会变化带来更好的前景?

主要资源   "道德地质学"高原和"迭奏"高原。

54   正如我们在上一章所看到的,德勒兹与加塔利将真实世界理解为同时包含现实的存在与存在的潜在条件,他们将潜在领域理解为一个开放的"问题"集合,而现实的存在则是这个开放问题集合的一套临时的或亚稳态的"解决之道"。或换言之,混沌系的"问题"通过一套不尽相同的"解决之道"来表达自身,而这些偶然的"解决之道"永远也不会穷尽混沌系以不同的方式实现与表达自身的潜能。这些随机的"解决之道"就是(在存在中)被给予的一切,通过它们可以推断出"问题",但在某种意义上,"问题"才是最主要的,因为是"问题"首先使自身在这些不尽相同的"解决之道"中获得表达。如果,如我在上一章所说,德勒兹与加塔利哲学的根本问题不是去界定"它是什么?",而是一个开放的"它能成为什么?(What can become of it)",那么,(在德勒兹和加塔利的哲学中)"本体论"就无处容身了。实际也确实如此,根茎高原便是以赞许英美文学之能用根茎的"'和'的逻辑颠覆本体论"[25]来作结。如此看来,"本体—美学"似是更合适的说法。物质在随机实现的对"问题"的"解决"中表达自身,对于德勒兹和加塔利而言,存在不是别的,就是"解决之道"中的那些表达,就是在其中获得表达之物。"相互预设"这个概念,正如我们将要看到的,避免了在表达与被表达之间做出任何简单的区分:没有谁"在先",同样的道理,"问题"和"解决之道"也没有谁"在先":一者在另一者中被表达;它们彼此相互预设。

随着本体论的倾覆,就表达的问题而言,本体—美学在以下三重意义上看来,都是一个合适的命名。首先,它标志着对既成的哲学诸领域的转变和杂交,这也正是德勒兹与加塔利做哲学的独特方式:思"在其中"(au milieu)、"在之间"(in-between)获得其速度。上一节中我们已经看到,在一个大体实用主义的哲学视角之下,认识论被认为很快将会渗透到伦理学与政治学之中——对本体论和美学来说,同样如此。仿佛是为了彻底消除对此问题的质疑,德勒兹与加塔利甚至曾一度表示"政治先于存在"[203]:因为任何既定

"问题"的"解决之道"总是要经由社会的、技术的机器在某种装配中进行运作而"得以实现"（"brought into being"/actualized），而这 **55** 个装配的构成及其运作在本质上就是政治的，它先于"解决之道"的出现。其次，就对"问题"之"解决之道"的评估而言，美学判断与伦理、政治判断一样适用：山脉与钻石两者都表达了对地壳构造压力"问题"的"解决之道"，对两者都可进行美学评估，即使评估的方式极为不同（康德对崇高与美的关系的讨论便解释得很清楚）。更一般地来说，对一个"问题"的特定的"解决之道"中所体现的"美感"和"优雅"的判断，不仅充斥于数学与逻辑学中，也大量存在于建筑学与演化生物学中。德勒兹和加塔利将这些领域里的此种判断，置于与其他更典型的属于"美学"领域之判断的变化的连续体中，比如美术或音乐。然而，这些领域，这些看似最核心的属于"美学"的领域自身，最终被证明只是一个长时过程的产物或衍生物，这个长时过程，使表达的自治性，相对于遍布有机层与异质成形层中的预设之内容，得以增强。在此狭义上来说，美学确实是来自于一种在更宽泛的意义上已经带来了美学的发展的本体论，这正是"本体—美学"这个词所要表达的意图。

"道德地质学——（地球把它自己看作什么？）"

关于"地质学"高原，我们首先要注意的是，它从头到尾都是按亚瑟·柯南·道尔的名为《失落的世界》的小说故事中的一个科幻人物查林杰教授的一次演讲来布局的！这一高原于是采用了德勒兹最中意的文体技巧之一：自由间接引语（free indirect discourse）——其意图达成的效果，即我们最终无法分辨到底是谁在说话，到底谁该为所说的话负责：这座高原的两位作者，亦或是高原中的那位演讲人。采取这样一种戏剧化的迂回策略，使德勒兹与加塔利免于某种尴尬，更确切地说，使他们能够对这种尴尬一笑了之：他们在写的是一本哲学书,如德勒兹曾描述的,是一本"纯粹形而上学"之书,然而,他们看上去却好像是在做科学,他们在解释世界如何运转,他们动辄援引地质学、化学与生物学。其实,他们真正做的是从以科学方式建构的事态(希望它们是足够精确的)中提取(但愿会有用的)以哲学的方式创造的概念。这样做的意义,便是要如此这般地理解世界,从而使它最大限度的拥抱变化,这些被创造的概念的价值,则在实用的意义上——正如我们在上一节谈认识论问题时已经看到的——取决于它们能在多大程度上助我们在真实世界中通过"实际的操作"获得所欲的变化。

56

层,层化,去层化

"地质学"高原中所创造的主要概念是"层",它为"层化"与"去层化"提供解释。各种不同的装配(assemblages)与介质(milieus),与驱动层化和去层化过程的抽象机器一道,都被引介为"层"概念的组成成分。最终,层化/去层化的全过程都发生于两个平面之间:坚实性平面与组织性平面(也被称为 Planomenon 和 Ecumenon)。如果,如我早前所说,坚实性平面(Planomenon)由无限的但总数确定的混沌系中的所有潜在的可能,也即所有可能的生成来构成,组织性平面(Ecumenon)则由所有处于亚稳态的生成之混沌的层化、现实化或固结化来构成。原则上说来——这里的原则是"永恒回归"(Eternal Return)的原则以及开放系统的原则——存在并没有终极的稳定状态,而只有不确定数目的亚稳态状态:否则,宇宙早就抵达这个终极稳定状态,开放的混沌系将不复存在。存在是暂时的、派生的——它正是从生成中派生而来。换言之,要从无定型的生成之汤中固结出存在来,就需要一些浓稠剂:编码与辖域化就是这些浓稠剂,它们经由德勒兹和加塔利——或者查林杰教授? 或者那位"丹麦斯宾诺莎主义地质学家叶尔姆斯列夫,哈姆雷特的传人,那位黑暗王子(查林杰教授将其发现归功于他)?"(43)——这样一个"某人"(someone)称作"双重咬合"的过程进行运作。

57　　尽管查林杰教授错把叶尔姆斯列夫当成地质学家,其实德勒兹和加塔利非常清楚他是一位丹麦语言学家,而不是地质学家,而且"双重咬合"的概念也是他们从语言学中汲取而来的——从法国语言学家安德烈·马丁内(André Martinet)那儿得来,但实际上是以他的丹麦同行叶尔姆斯列夫的方式来引入的,后者以四元图示取代瑞士语言学家索绪尔遗留下来的能指—所指的二元系统。叶尔姆斯列夫重新将能指与所指命名为"表达"与"内容",他还补充说,这两个要素自身又都由形式和实质咬合而成,这一点至关重要:第一个咬合将内容的形式与实质关联起来;第二个咬合将表达的形式与实质关联起来。叶尔姆斯列夫还增加了第五项,因为,不像索绪尔,叶尔姆斯列夫的语言学强调一种交流沟通的架构,他把这第五项称作"紧要之事"(matter)或"要旨"(purport):也就是内容与表达的双重咬合所意欲传达的意义。德勒兹与加塔利将叶尔姆斯列夫的四元图示拓展到语言学之外,用于整个混沌系,以坚实性平面取代叶尔姆斯列夫语言学架构中的第五项——"紧要之事":双重咬合就是抽象机器,它通过对坚实性平面中无定形的、无从定位的"紧要之事"进行编码和辖域化,而将存在固结在各种层之中。因此,"紧要之事"可以说就是在混沌系中通过双重咬合而进行自我表达或自我组织。确实,把双重咬合称作抽象机器的一个原因正是为了强调它是何等一以贯之地在包罗万象的各领域中起作用的:不仅有语言学,还有地质学、化学以及生物学等。

　　德勒兹与加塔利从叶尔姆斯列夫的语言学中采纳的另一个关键组分是他将内容与表达之间的关系界定为一种相互预设的关系这一描述。如上文所说,内容与表达之间并不存在一者相对另一者的因果优先性;它们只是彼此预设而已。换言之,内容与表达之间的相互预设维系了一个开放系统中的自我组织的内在性:关系中的任何一方都不能转而信奉优先性和超越性。将存在理解为生成平面的"衍生—固结"的诸多益处之一是,这个表述有两个论争的标靶:正统的拉康主义与正统的马克思主义。众所周知,在拉康那儿,能指被授予特权,优先于所指(与索绪尔最初的理解思路相对);在《反俄狄浦斯》中,德勒兹和加塔利将这种特权授予诊断为专制的标志:某种权力结构与它特定的符号机制,将相互的预设关系转化为一项之于另一项的层级优先关系。只有坚持相互的预设关系作为前提,这种能指的专制,才能在这样组织意义的特定社会中被诊断,在精神分析的话语与实践中获得诊断(67)。而正统的马克思主义犯的则是反向的错误:认为内容是决定性的(即使只是在"最终的意义上"),而将表达划归为纯粹的"上层建筑",而且这一上层建筑的底楼通常由国家机器构成,而其上的二楼由意识形态构成(68)。对经济基础赋予优先性,会在资本主义及其他生产方式的产生、稳固以及全球化的诸时刻,掩盖国家形态与生产—交换关系之间的各种不同的关系。为了保持自我组织的内在性,一种生产方式须得被理解为双重咬合的机器过程的随机结果(正如德勒兹与加塔利在之后的"捕获装置"高原中会强调的[435]),而不是一个事先确定等级化的咬合的统一整体。

对之前所涉内容作一番总结:层化的概念是从援引非线性数学与复杂性理论(在众多其他理论资源中)而获得解释的混沌动力学中提炼而来的。对这些科学而言,至关重要的是"发生"("emergence")这个范畴,以及与之相关的不可逆的时间的概念。从各种不同领域的发生现象中,德勒兹与加塔利提炼出了内在的自我组织的概念,并进一步明确了这种自我组织或层化通常得以实现的机制:一种既关涉内容的形式与实质又关涉表达的形式与实质的双重咬合,内容与形式在相互预设的关系中共存。

　　德勒兹与加塔利把福柯的现代监狱研究引介为对经双重咬合而发生的层化的范例式分析。福柯的分析依托于他所说的"可见"与"可说"的关系展开——但这个关系并不是一种意义的关系,其中,可说的并不是能指而可见的也并不是相应的所指。这里其实有四项,而不是两项:监狱作为层,既不是一个事物,也不是一个所指,而是一种内容的形式("监狱-形式"或现代监狱设计)与内容的特定实质的结合:身体(bodies)、器官([organs]尤其是眼睛)、建筑(buildings)和权力关系(power relations)。监狱层(prison stratum)的关联表达(correlative expression)不是能指-"监狱",而是一整套关于"罪行"和"矫正性惩罚"的话语(或"话语构成")与表达的实质(包括立法行为、政策声明、司法判决等)的结合。不仅如此,内容与表达并不是一蹴而就地一同产生的:监狱设计与罪行话语各自有其独立的历史与起源,最终,它们几乎是偶然地进入了一种相互预设的关系中。福柯是在之后的研究中,才通过将监狱-罪行复合体作为众多层中的一层,置于一种他会称作规训权力的新型社会关系范式的脉络中,从而去除了产生监狱-罪行复合体的几率因素。

　　而德勒兹与加塔利则会把规训权力叫做抽象机器——一个抽象的机器,这仍然是因为许多其他机构或层共享了这个机器,包括学校、兵营、医院、工厂,不一而足(67)。事实上,双重咬合构成某个层的过程从不发生于真空之中:它预设了德勒兹和加塔利所说的在一旁与之共存的"侧层"(parastrata),它或者与这个侧层共享其形式,或共享其实质,或两者皆共享。因此,监狱层与司法层以相互预设的方式共存:任一方都不导致另一方,但缺了任何一方,都将是无法想象和完全不切实际的。侧层于是就构成一个相互预设的"横向"网络,其中,一个层对于其他层而言起到侧层的作用,而其他层对于这个层而言也是如此,反之亦然。什么能算作是一个层或一个侧层,则完全是任意而相对的。德勒兹与加塔利所说的"上层"(epistrata)也是如此,它在一种"纵向"网络或链条中"把一层叠在另一层之上"。我已经说过,监狱-罪行复合体的表达不是"监狱"或"罪行"这些词,而是罪行的一整套话语构成。但是,包含这种话语构成的陈述当然也确实是由句子和词语构成,后者自身又是由词素和音素构成。因而,监狱层预设了法语或英语作为其上层,而法语或英语又预设了一个具有语言能力的物种作为其上层,而这个物种又预设了生物、生理、化学和物理这一整套上层,如此等等。德勒兹与加塔利解释道,"一个层仅存在于它的上层与侧层之中",并且"最终,上层与侧层自身也应该被看作是层"(52)。因此,侧层总是在周围,而上层则一路向下推延开去,"每一个层充当另一个层的基层(substratum)"(72)——直到我们抵达坚实性平面,也即从坚实性平面中产生的"最初的"那个层,即德勒兹与加塔利所说的"元层"("metastratum")。当然,并不存在"最初的"层;Ecumenon 绝不是存在巨链。[1] 所有的层都预设了与之共存的侧层,也就是说,不存在一个最初的层;与此同时,所有层预设了坚实性平面,并且最终都是从坚实性平面中产生的,尽管是间接的。德勒兹与加塔利在他们关于层化的描述中,坚定地清除任何日臻完善(perfectionism)、进步主义(progressivism)或进化主义(evolutionism)的暗示:

> 要想对层的系统进行说明,但却看似没有在层之间引入一种宇宙的甚或精神的进化——就好像它们被按照完备性的不同阶段和程度进行排序,这是很难做到的。然而,并不存在这样的不同阶段和程度。不存在生物界,也不存在精神界

1　存在巨链是指从柏拉图与亚里士多德思想衍生而来的一种宗教的宇宙观,这种宇宙观认为,所有存在都按一种严格的等级秩序彼此连接,而这个链条的顶端则是神性。

(noosphere)，无处不在的是同一个"机器界"(Mecanosphere)。如果我们首先考察层自身，我们就不能说一个层比另一个层更为缺乏组织。即使是对于一个作为基层的层来说也是如此：不存在固定的秩序，一个层可以直接作为另一个层的基层，而无需中介环节，而从阶段和等级的角度看来，人们会认为这些中介环节是必需的（比如，微观物理学的诸领域可以直接充当有机现象的基层）。这种表面的秩序或许可以被颠倒，对于昆虫、细菌、微生物甚或基本粒子的生长而言，文化或技术现象就是一片沃土、一例好汤。工业时代于是可被界定为昆虫时代……如今的情况甚至更糟：你甚至无法事先断定哪个层将会与另一个层相连通，或在哪个方向上相连通。尤其是，不存在更少、更高或更低的组织；作为层的一个构成部分，基层可以与层紧密关联在一起，但它是作为变化在其中发生的环境，而不是一种组织的增长。

(69)

61　除开其他众多原因，这一层、基层、侧层以及上层之间的对等原则之所以至关重要的一个原因，便是它防止我们陷入超越性之中。考虑到德勒兹与加塔利对"三种主要的层"(64)（我称之为"巨型层"：无机层、有机层与异质成形层）所做的区分，便尤其是如此。我们不应该依据复杂性等级或组织程度来区分这些巨型层，而是应该根据它们各自特殊的双重咬合模式（这一模式就是它们各自的特征）来进行区分，我马上就会谈及这些问题。

界、装配、域

在处理这些问题之前，我必须对德勒兹与加塔利在此，以及其他一些高原所使用的一组与层紧密相关的术语进行考察：界、装配与域。界是层和域得以形成的物质环境（由物质与能量流构成），界可被分为数个子范畴。我们已经看到,一个给定的层可以充当另一个层的基层;如此一来,基层便为层提供分子态的原料,这些原料被转化为这个层的基本元素。(要注意,这些分子态的原料"与坚实性平面的无定形物质是不同的;这些分子态原料已经是层化了的",因为它们来自于一个基层(49))。这样一个基层被看作是这个层的"外界"(exterior milieu)。它的"内界"(interior milieu)则正是由与形式关系相咬合的那些相同的实质元素组成,这些形式关系通过外界提供的材料改变了那些元素。比如,当液态的分子态原料在构成内界的晶体化过程中被转化为固体,一个超饱和溶剂便充当晶体层的外界。有机巨型层的情况也类似,由生命产生之必要元素所构成的"原始汤"(prebiotic soup)(49)充当外界,而化学催化剂则在生物机体的内界之构成中起到种子晶体相关物的作用。再次,有一些因素,它们促成层的存在,却并不属于这个层,这些要素便构成了"关联界"(associated milieus):比如,重力与哺乳动物的汗液就是扁虱的关联界中的关键因素,因为,扁虱的嗅觉所带来的释放反应(relaease response)使重力将其与(哺乳动物的)毛皮或皮肤相接触,在此,一种攫取反应(grab response)进而使扁虱得到它将要吸食的构成其外界的物质,也就是血液;哺乳动物的血液构成了扁虱的外界的部分,而(哺乳动物的)汗液则是其关联界的部分。最后,德勒兹和加塔利提到另一种界,"中介界"(intermediary milieus),它恰恰就是这儿的上层与侧层的同义词(52)(更进一步的阐述出现在"迭奏"高原,在那儿,它们常常表现为膜的形式)。坚实性平面就是所有界的界(milieu of all milieus)。

装配,也称为"具体的机器装配"(71),是层化过程之自我组织的现实的执行者(actual agents):它们同时既处于既定层的内容与表达的交汇处,又处于不同层之间的交汇处(也被称作"间层"[interstrata]),还处于任一层与坚实性平面之间的交汇处(也被称作"元层"[metastratum])(73)。具体的机器装配也是抽象机器在层中得以运行的方式,这样一来,机器界便可被理解为坚实性平面的一个子集或其副产物:不是所有可能的生成的总和,而是"所有[实现了的]抽象机器与机器装配的集合,[无论]它们是在层之外、层之上,还是层之间"(71)。既然具体的装配位于层与坚实性平面之间,那么它们就既是层化的矢量,在坚实性平面上,它们汲取物质与能量以形成或固结出层,同时又是去层化的矢量,它们能够通过从坚实性平面吸收并装配不同的物质-能量流来改变层。最终,辖域就是属于异质成形巨型层的机器装配。德勒兹与加塔利甚至声称"辖域是最早的装配"(323),即使在"根茎"高原和"地质学"高原中,装配这个词有远为更加宽泛的使用。无论如何,正如我们将在下文与"迭奏"高原相关的讨论中看到的那样,辖域的装配标志着有机巨型层与异质成形巨型层之间一个重要的分水岭。

最后,还有"摩尔"与"分子"这对术语,它们在《反俄狄浦斯》与《千高原》中都发挥了重要作用。理解摩尔与分子之间的关系,有几种不同的方法。一种方法是将它们置于与内容/表达之咬合的关联之中。正如我们已经看到的,一个实体可以在分子水平呈现为液态,然后又在摩尔水平转变为晶体:水蒸气变成雪花。要注意的是,分子和摩尔只是相对的说法:当一片一片的雪花集结成一个雪堆,或一个雪人,此时,雪花便构成分子水平,而雪堆和雪人则是摩尔水平。还须注意的是,成百万的雪花的聚集所形成的摩尔形态可以是意向的(雪人),也可以是纯粹统计的(雪堆):"摩尔"这个词来源于需要根据概率进行处理的巨量的微粒,因为任何偏离常规的行径——不论多么反常——都被余下的其他行径的均值抹杀。诉诸统计概率或许会令我们产生错觉认为摩尔与分子之间只是体量之别,而事实上,它更是一个视角的问题:相对于水蒸气分子而言,雪花晶体仍然是摩尔级的,尽管它的尺寸极小。最终,分子与摩尔的差别落实在相关联的秩序上,大致对应于分子态的坚实性平面和摩尔态的组织性平面之间的差别。

巨型层

回到三种"主要的层的类型"(64)或三种巨型层,必须指出的是,尽管它们并没有在复杂性水平与组织性程度上呈现出一种发展的进程,但它们各自的双重咬合模式确实在另一方面呈现出发展的进程:表达,对于它所预设的内容而言,变得越来越自主,与之相应的是不断增强的解域化的力量。这一关键的发展,如我所说,便是使用"本体—美学"这个新词的一个原因。在无机层上,表达与内容占据相同的界;层化将分子态的物质转化为摩尔态的实体,此时解域化的程度相对较低。比如,在晶体化的过程中,从液态转化为固态的是同样的化学元素,解域只有在晶体周围介质呈充分饱和态时,才能在晶体的边缘上发生;这样一个层可以在其紧邻的区域内扩张,但却无法自我复制。在无机巨型层上,层的发展是通过德勒兹与加塔利所说的"诱导"(induction)而发生的,施感的表达(inducing expression)与感生的内容(induced content)占据相同的介质。相反,有机巨型层的层化则通过"转导"(transduction)发生,表达已经变得线性而独立:此时,它表现为基因编码的形式。人口或种群也可以扩张(就像晶体),但他们的扩张并不必然局限在紧邻区域,而几乎总是通过种群成员或雌雄配对自我复制的能力而实现。最重要的是,由于诸如随机突变和基因漂变的现象,有机层上的解域系数呈指数增长。通过与"迭奏"高原相关联,我会重返有机层的双重咬合模式并进行更深入的考察。

在异质成形层,解域系数仍然呈指数增长:在此,基因编码的空间线性被语言编码的时间线性所取代,而且这种形式的表达已经变得更加独立于它所预设的内容。德勒兹与加塔利会将这一双

64

重咬合的模式称作"翻译",不仅是为了强调"一种语言以某种方式'展现'另一种语言之所予(given)的能力,除此之外……也是为了强调语言[自身](连同位于其层之上的它自己的所予)展现所有其他层,进而获取一种科学的世界的概念的能力"(62)。在表达形式变成语言继而受外界变化制约(迄今为止不像基因编码)的同时,对内容之形式的技术化描述使外部世界的改变更加容易。第三种巨型层的双重咬合于是将技术(作为内容)与符号(作为表达)相互关联起来——这正是我们在福柯对社会监禁技术与罪行话语构成进行的经典分析中所看到的。在更宽泛的意义上说,德勒兹与加塔利坚持认为,"内容不能简单地被理解为手和[特定的]工具,而应该被理解为一种先在于这些工具并构成力的状态(或权力表达)的技术的、社会的机器,[正如]表达不能够被简单地理解为面孔和语言……而应该被理解为先在于面孔与符号并构成符号机制的一个符号的集体机器"(63)。因为,它的表达形式(语言)使对所有其他层的翻译成为可能,而它的内容形式(技术)则使外部世界的几乎任何事物的异质成形的改变成为可能,第三巨型层包含大量的且日益复杂的技术与符号的机器,正如德勒兹与加塔利所说(或者是查林杰教授所说?),它们"暴跳着将它们的钳子向四面八方伸出去,侵入所有其他层"。跨出"地质学"高原之外,我愿意说,资本主义就是众多机器中最重要的那一个:我们将会看到,它的公理化过程以横断的方式运作于大部分的层之中,它在离坚实性平面的最微小距离处直接对解码的和解域的物质能量流发生作用。然而,眼下只需说第三层的巨型技术-符号机器制造了德勒兹与加塔利所说的"人的构成之幻象"(63)就够了:他们以讽刺的方式问道"人把他自己看作什么?"以呼应"地质学"高原的副标题"(地球把它自己看作什么?)"。"地质学"高原所奠基的"层分析"(43)的方法则是意在(除其他意图之外)通过说明一方面,异质成形层并不特属于人类，并且另一方面，人类在这个层所取得的成就还取决于一些并不受人类掌控的力量，来揭穿这一"人的构成之幻象"——而这一切只有在其他高原中才会变得清晰，这些高原中也包括"迭奏"高原。所以，有必要指出的是，虽然"地质学"高原涉猎领域众多——几乎涉及整个宇宙，从亚原子水平到前沿尖端科技以及社会构成，但根本说来，眼下的成效甚微。或许这也是为什么在查林杰教授讲座结束时，"［当他］，或者说他所剩的部分，渐渐地冲向坚实性平面，没有人试图阻拦他离开"（73）。但"地质学"高原确实为其他高原所能作出的贡献与所能提供的辩题建立了一个概念框架——尤其是"迭奏"高原，我接着就来谈这座高原。

"关于迭奏"

66

尽管"迭奏"高原和"地质学"高原被七座其他的高原（相当于半本书！）分割开来，但在某种意义上，"迭奏"高原正好承续了"地质学"高原的问题，探索从有机层出现的异质成形层的更深入的细节，进一步展开界与辖域的概念。同样需要指出的是，"迭奏"高原也是直接建立于它紧随的"生成"高原的最后章节"生成-音乐"之上的。（此为根茎之书的本性，以及随之而来的阅读一本根茎之书的挑战。）最后，也是最重要的结果之一，便是"迭奏"高原为德勒兹与加塔利的"本体—美学"和我在下一章节会称作"人类—动物行为学"的这两者之间提供了一个关键的铰链。之前，我将这种"人类学"描绘为结构主义与反人文主义的。它的反人文主义一方面是我们熟知的结构主义的一条原则：人的存在是被"象征秩序"多元决定的（over-determined）；我们并不是自家宅院的主人。关于语言、货币和面孔形象（image of the face）这些"象征秩序"的决定性组分，德勒兹与加塔利也会有诸多论述。而其反人文主义的另一方面则较少为人所知，但却有意思得多：人的存在与人的行为——

尤其在美学方面——被与其他动物的存在与行为置于同一个连续体上。正是在此意义上，德勒兹与加塔利的反人文主义的"人类学"最好被理解为一种混合式的动物行为—人类学或"人类—动物行为学"——也正是"迭奏"高原在相当程度上（尽管并不是完全）促成了动物行为学的混合。

节奏，界，辖域

为了使迭奏这个概念的哲学回报变得清楚些，一些专业术语上的准备工作或许是无法避免的——即使"迭奏"高原本身已经以一个精彩的关于孩童与家庭主妇（以及其他人）如何通过迭奏来建立、继而最终又摆脱保护性辖域（他们的"安全区"）的解释作为开篇。在《千高原》之前的高原中，德勒兹与加塔利已经处理过界和辖域这两个概念，在此，他们加入节奏的概念，嵌入前两个概念之间：节奏在两个界之间的关系中产生——而这个关系是一种差异的关系。而一个界是由周期性的［界-组分（a milieu-component）］的重复构成的一个"时空阻凝"（a block of space-time），且这个界就是由这个周期性的重复来编码的（313）。但是，与无机层一样，有机层作为界并不存在于真空中；相反，一个界会充当另一个界的界，正如任何一个给定的层都可以充当其他层的基层或侧层。因此，每一个"界-编码"（milieu-code）"始终都处于不断转码或转导的过程中"（313）——正如我们所看到的，转导是有机巨型层的标志：德勒兹与加塔利解释到，转导"是一个界充当另一个界的基础的方式，或者……是一个界建立在另一个界之上的方式，［又或者］是一个界在另一个界中消失或形成的方式"（313）。也正是转导将节奏引入有机层之中。

节奏和节拍是截然不同的（在同样的意义上平滑空间可与纹理空间相区别）：节拍涉及一种在界之中（within a milieu）对同一

（相同的时间间隔）的基于标准的、同质的重复，而节奏则是界与界之间的（between milieus）"不均等的（Unequal）或……不可通约的（Incommensurable）"关系。德勒兹与加塔利说道，"节拍是武断的，而节奏是评鉴的（critical）：它将决定性的（critical）时刻串联起来，或通过从一个界过渡到另一个界的过程将自己连起来"（313）。苍蝇的翼展与拍动速度是有节拍的，正如蜘蛛结网的环路与所结之网的面积；而此两者之间的关系则构成了一个节奏。德勒兹与加塔利提示道，"仿佛是蜘蛛的脑子里已经有了苍蝇"，或"苍蝇的'动机'[或]苍蝇的'迭奏'"（314）。在这个个案中，节奏是猎捕性的（蜘蛛的网格内径被设计为小于苍蝇的翼展）；在其他一些个案中，节奏则是共生的，比如金鱼草和熊蜂，比如兰花和胡蜂。正如德勒兹与加塔利引用德国生物学家、动物行为学家雅各布·冯·尤克斯奎尔所说，在它们与周围环境的复杂关系网络中，界的组分（如翼展与蛛网尺寸）变成了"对位旋律，每一个旋律充当另一个旋律的动机：自然（Nature）就是音乐"（314）。到目前为止，有机巨型层看上去是一个由节奏差异、旋律、动机以及对位法组成的宏大的共时或交响的结构。但我们还没有任何辖域。辖域仅仅属于某些动物，它是另一种处理"物种内社会组织问题"的方法。

在有机层中，当界的组分和/或节奏的动机不再仅仅是功能性的（比如，猎捕的或共生的），而变成"表达性的"（expressive），就达到了辖域产生的决定性阈值。而这些界的组分首先表达的就是辖域性（territoriality）本身：其组分与动机不再是功能性的，而是成为辖域的标记和索引。

以鸟或鱼的颜色为例：颜色是与内在荷尔蒙状态相关联的一种膜的状态，但是，只要它仍然和行为的类型（性活动、攻击行为或飞行）相关联，它就仍然是功能性的、不持久的。只有当它获得某种时间恒常性和某种空间作用范围(这种时间恒常性与空间作用范围使之成为一种辖域的,或更确切地说是一种辖域化的标记)时,它才成为表达性的。

(315)

辖域化的临界点可以是很难察觉的;在同一种鸟中的不同种群间,这个临界点甚至会变化,比如,当这个种属既有彩色的鸟又有非彩色的鸟,彩色的鸟有辖域而非彩色的鸟却甚爱交际而没有自己的辖域:在此,颜色除了标记辖域别无它用(315)。在类似的意义上,当一个既定的节奏功能成为一个辖域装配的一部分时,它可以被重新计以它用:比如,对于一个有辖域的动物而言,攻击的冲动具有不同的或额外的功能,因为攻击性冲动可以被导向种系内部的成员,而在猎捕性动物那里,则是被功能性地导向它们的猎物。(当然,这并不是说不存在既有辖域又有猎捕的种系。)本质在于这个特定的辖域性的攻击变成表达性的了,对辖域的表达——比如,它不再直接与对食物的需求有任何干系;确实,它通常甚至都不再引起杀戮(不像猎捕性的攻击总是引起杀戮)。

我们已经看到,相对于无机层,有机层的标志是表达的组织平面对基因编码的取代,这样一来,它就独立于它所组织的内容平面了。辖域化在相同的方向上更进一步:突破了这个临界点,界的组分和节奏的主题便独立于它们从前的条件和功能,成为对辖域的表达;它们步入辖域的迭奏之中。相当矛盾的是,辖域化因此会引发一种解码:组分与主题必须从功能性角色中得以释放才能具有表达性。而且,辖域化的标记自身也可能会发生解域化,比如,当一个辖域的装配的诸要素从辖域的表达中得以释放,从而服务于另一种不同的表达形式——比如,当雄性的荷尔蒙水平升高,这些要素便在有雌性在场的情况下成为求偶装配的一部分。相对于其预设之内容,表达的自主性变得越显著。依循同样的逻辑,随着辖域的(以及其他的)迭奏的发展,包含这些迭奏的表达特征进入一种彼此愈加复杂的关系之中,独立于它们所表达的内在冲动(性或攻击)与外在环境(一个雄性或竞争对手的出现)。当这些复合物关涉的是辖域的内界(interior milieu)的冲动时,德勒兹与加塔利把它们称作"辖域的动机"(territorial motifs),当关涉的是其外界(exterior milieu)的环境时,则称之为"辖域的对位"(territorial counterpoints)。愈加增强的表达的复杂性所带来的结果是,这些动机与对位最终表达的是辖域与那些冲动和环境的关系,而并非直接表达这些冲动和环境本身——这就再次增强了表达的自主性。

> 表达的诸特性一同进入变动的或恒常的关系中(此即表达的物质之所为);它们不再构成[纯粹的标示]以划定一个辖域,而是构成表达辖域与其内在冲动或外在环境之间关系的动机和对位,无论这些内在冲动和外在环境是否已经确定。
>
> (318;楷体强调为本书作者所加)

最终,表达的要素实际上可以变得与功能性内容、冲动以及环境都毫无干系,比如在雌性并未出现而求偶的歌声却已唱出之时;比如在争夺者并未出现而守护辖域的迭奏却已唱响之时;又比如,不为任何特别的理由,一只嘲鸟竟伴着某人演奏的钢琴唱起来。就此而言,德勒兹与加塔利不满动物行为学家用"仪式化"来解释这一不断增强的表达的自主性,即使"仪式化"这个词确实捕捉到了独立于冲动与环境之紧迫性的行为的重复的特质;但在德勒兹与加塔利看来,这种不受表达动机与对位中预设内容的直接影响而获得的相对的自由,实际上使对内界与外界的潜能之探索成为可能,且无需改变或卷入界本身(318)。(通往潜在的第一缕光破晓而出,甚至远早于幼狼的游戏。)

"艺术的开端无需等待人类"

至此,我们已在德勒兹与加塔利的美学本体论的范畴差异与精微的术语上投入了大量时间与精力,该看看成效了:"艺术的开端无需等待人类"(320)——更重要的或许是,艺术先于"本能"——哪怕是动物的本能。"[节奏与辖域动机的'变得具有表达性'(becoming-expressive)]能被称为艺术吗?"——德勒兹与加塔利问道? 他们的回答是肯定的。即使最简单的"辖域标记已是现成品",他们强调:我们可以"随手拿起任何东西从而使它成为一种表达"(316),正如布置场景的鸟儿"每天清晨所做的,它把树上拾来的叶子放好,然后[悉心地]把它们翻[转]过来,让更暗淡的那一面朝向泥土"(315)。比起人种学——仅仅研究人类族群及其特征,德勒兹与加塔利更青睐动物行为学——对动物行为的研究,因为人类与其他动物共同拥有这一艺术创作并辖域化的倾向,而且在演化的意义上说,人类的这一倾向源自于其他动物,关于这一点,我马上会作出详尽的说明。

然而,即使在动物行为学内部,针对引发还原性的二元对立或互斥选言的行为模式也存在争议——比如将动物行为划分为天生具备与后天习得两个范畴。因为,正如我们已经看到的,在辖域装配中,功能性的界组分抑或是受制于周期性编码的本能重复的界组分,会被解码,从而充当辖域的标记物,此时,辖域的动机与对位,相对于它们的内界与外界,获得另一个程度可观的自主性。德勒兹与加塔利解释道,"从这时起,就有了一个辖域的装配",

71　　　先天的倾向会呈现为一个十分特别的形象,因为它不能与解码的活动分离[因而]与内界的[冲动的或本能的]先天倾向非常不同;而后天习得的倾向同样会呈现一个十分特别的形象,因为它……会被表达的物质所调节而不受外界的刺激影响。

(332)

德勒兹与加塔利总结到,辖域的装配同时引发"对先天的解码以及对后天学习的辖域化"(332)。同一种属的麻雀的不同群体生活于纽约中央公园的不同区域便为我们提供了一个绝好的例证:它们是在遗传上就获得歌唱能力的物种,而且本能地倾向于唱出辖域的迭奏,但是麻雀的迭奏之歌根据它们生活的区域和所属的辖域族群的不同,会有些微的差异:本能在此被解码,而后天习得则获得辖域化,我们只能把这样的情形称作"麻雀多元文化主义"的一种形态。

但这还不是事情的全貌。辖域化是人类与其他动物共有的处理"物种内社会组织问题"的一种方法:辖域在同种系的成员中确立了一种临界距离。正如动物的辖域"通过将同种系内部的成员相互分离来确保并调节它们的共存"(320),销售的辖域也是如此,通过将同公司的市场部的成员相分离来确保并调节他们的共存。与此同时,德勒兹与加塔利还提示,辖域化"通过将种系内的成员进行专门化处理,来实现同一领域内最大数量的成员之共存"(320),正如辖域的专门化使销售人员能与公司的工程师、钻孔操作员以及其他专业人士共存——而且,在更大的规模上,它使得一个专营某一产品或服务的公司能与其他占据着被惹眼地称作"利基市场"(market niches)的公司共存。德勒兹与加塔利总结道,"在动物这儿和在人这儿,情况是相同的",

都有竞争的临界距离法则:[…]诸功能的辖域化是这些功能能够以各种"职业"(occupations)或"营生"(trades)的面貌出现的条件。如此一来,物种内部的或专门化了的攻击性必然是一种已经辖域化了的攻击性;它并不解释这个辖域[相反,它]来自于这个辖域。[事实上,艺术]就是那个进行辖域化的因素,它是劳作-职能(work-function)得以产生的必要条件。

(321)

因此,我们认为是属人的制度,比如劳动的专业化及其分工,就被证明是与其他动物种系的"体制"或行为模式处在一个连续体上。花点儿时间回到福柯对现代监狱的分析,此刻我们就能领会到,(可见与可说)之间的咬合、形式与内容之间的咬合以及体制的话语与实践之间的咬合,其实已经超出了一种相互预设的关系:这种关系本身已经是辖域化的结果了。

然而,临界距离并不是辖域化的装配针对"物种内社会组织问题"所提供的唯一的"解决之道"。因为辖域化的装配不仅能对功能实施再组织(比如专门化),还能对力进行重组与强化。在此,我只是简略地谈及这种"解决之道",因为埃米尔·涂尔干已经贡献了一整本书,《宗教生活的基本形式》,来处理人类的这一现象。一个种系中平常彼此孤立生存的成员(无论是否属于相互敌对的辖域)有时会大量地聚集起来形成一个群居的辖域:寄居蟹这么做是为了交换外壳;龙虾结成长长的行进队伍(一种移动的辖域)则是为了躲避风暴季的浅地表涡流而逃入深水区。外壳-交换的迭奏与长队列行进的迭奏,这两者都有一个所有辖域(无论敌对的或合群的)皆有的特征:它们提供保护。但龙虾的迭奏则与许多种系的候鸟以及公路自行车赛的大部队共有与众不同的特征:在气流中行进的节能空气动力学。与涂尔干的看法一致,德勒兹与加塔利(虽并未在这一点上提及涂尔干)认为宗教也是以群居的辖域的方式来运作的:即使是在平常就散居的群体之间,宗教也会通过围绕某个特殊的辖域化标记或象征(一个图腾动物,一个图腾符号比如十字架,一个图腾任务比如上帝,等等)而将人们聚拢起来,而这种辖域化会引起对力的重组与强化,这样的对力的重组与强化进而被归因于辖域或它的图腾特征。德勒兹与加塔利总结道,"因此,我们必须再次承认,人类和动物都共同享有的宗教,会占据辖域,仅仅是因为它需要……[一个]辖域化的因素作为必要条件"(321),而且"这个因素……同时又将界的诸功能整合进各种职业之中,并将混沌之力束拢进各种仪式和宗教之中"(322)。毋庸讳言,宗教的迭奏可以、并且应该被理解为国家或民族主义之迭奏的先驱——国歌本身就是最直白、最不具有音乐性的实例。还须注意的是(即使只是顺便提及),伴随辖域化而来的力的重组与强化既可能导致法西斯主义,也可能通向宗教(348,299-301)。

迭奏与音乐

德勒兹与加塔利最后将迭奏划分为三种主要类型(326-7):(1)初级辖域的迭奏,它们只是标记并装配一个辖域;(2)辖域化了的迭奏,它们在一个装配中执行一种专门化的功能(比如对营生与职业进行辖域化的职业化的迭奏),但它们也可以转移到其他装配中(比如当辖域的动机转移到求偶装配之中时);最后,(3)对力进行重组与强化的迭奏,它们或者是要巩固某个辖域,或者是要舍弃这个辖域而去往他处。提到国歌,我们便几乎不知不觉地又跨过了另一个分水岭——这次是从迭奏到音乐本身。再重申一次,这个分水岭是难以明确辨识的;它当然也并不对应于动物与人之间的分界,因为,一方面,许多鸟类无疑都是音乐家(301);而另一方面,人类的许多"迭奏"——在德勒兹与加塔利的动物行为学的意义上:比如一些职业化的迭奏——根本就不是音乐。而且,一些人类的音乐(比如国歌)就更像是迭奏,而不像鸣鸟的音乐(比如嘲鸟)。但这个分水岭又是至关重要的,因为音乐的使命,在德勒兹

73

和加塔利看来,就是要最终对迭奏进行解域。这是一个漫长的跨越许多分水岭才最终得以实现的过程,如我们所见,每一次跨越一个分水岭,表达相对于其预设的内容就变得越自主:节奏通过对与其他界相连接的界进行转码而获得发展;辖域自身最初是通过对界与界-功能的解码而形成的;辖域化了的功能则在通向其他装配的过程中或与其他装配的连接之中被解域,在辖域主题与对位越来越独立于内界冲动与外界环境的发展过程中被解域。最后,我们来到纯粹音乐(pure music)(我很想这么称呼它)——完全解域化了的音乐表达平面与自由的宇宙之力的连接。对这一轨迹的描述解释了为什么在"迭奏"高原的结尾会出现(或许是出乎意料的)对西方艺术-音乐中古典主义(Classicism)、浪漫主义(Romanticism)和现代主义(Modernism)的一套"扼要的定义"。值得注意的是,这种三分的音乐形式大致对应着刚才讨论过的迭奏-类型的三分法(326-7)。古典主义因此就如同是为辖域的建立所做的筹备工作,通过构成界并将形式加诸于物质而实现:"艺术家面对的是……混沌,混沌之力,原始的、未经驯化的物质,在其上加诸形式以获得实体,对之进行编码以构成界"(338)。浪漫主义则被描述为对辖域建构中的古典的普遍主义、连同其所有特殊性的抛弃:"艺术家进行辖域化,进入辖域的装配"(338)。在此,艺术家不再面对混沌之力,而是试图治理大地(Earth)之力并调用某个民族的力量,即使辖域已经消失而人也不在了。最后,现代则被描绘为"宇宙时代":在此,音乐"不再面对混沌之力,它也不再利用大地之力或民族之力来深化自身,相反,它向宇宙之力敞开"(342)。无需经由形式和内容作为中介,超越辖域与迭奏,艺术家此刻直接用"裸音"(bare sound)捕捉宇宙之力。正如绘画对于克利而言不再是对可见之物的复制,而是"使……可见"(render visible),现代音乐的任务是使我们能听到寂静的宇宙之力。

虽然这个有些匆忙的关于西方艺术-音乐的附言确确实实就是"迭奏"高原的结语,它其实与此高原的开篇正好呼应了,我认为这一呼应是极具意味的(开篇处加塔利的治疗师风格其实比篇尾处德勒兹的审美家腔调要更富有意味)。"一个孩子身处黑暗之中,被恐惧钳制,以低声的歌唱来安慰自己",此为"迭奏"高原的开篇,一个孩子唱出一个迭奏以安抚自己。这第一阶段便是建立辖域的准备阶段:划出一个标记;觅得一个宁静的中心(calm center),通过一个迭奏形成一个保护性的辖域。"一个孩子哼哼着以集聚精力来面对要上交的家庭作业。一个家庭主妇,在试图从家务的混沌中理出头绪时,会给自己唱歌,或是听广播"(311)。最后,第三阶段则是超越辖域,奔向外部:

> 最后,人们在圆圈上打开一个缺口,敞开它,让某人进入,召唤某人,或自己走出去,奔向外部。人们敞开圆圈的地方并不是之前的混沌之力对其施压的地方,而是在另一个区域之中,人们通过圆圈自身创造了这个区域。这就仿佛,圆圈试图依赖自身而向着一个未来敞开,根据那些它所掩蔽着的运作之力。这次,是为了与未来之力,宇宙之力结合在一起。向前冲,冒险进行一场即兴。然后,即兴,这就是重返*世界*,或与世界融为一体。在一首小曲的引导之下,人们离开了安身之所。
>
> (311) [1]

我认为这个解释极具意味,因为我把即兴爵士演奏看作是游牧主义(德勒兹与加塔利对政治哲学所作的最重要的贡献之一)的一个完美例证。我还愿强调一点,迭奏的意义在于,它为与其他各物种

---

1 参见《资本主义与精神分裂(卷二):千高原》,第 443 页,姜宇辉译,上海书店出版社,2010 年 12 月。——译者注

所践行的"物种内社会组织"的"解决之道"处于同一个连续体中的"人类物种内社会组织"确立了一种动物行为学的、前表象或超表象的基底。因此,迭奏对建构"象征秩序"而言起着基层的作用,在此,表达平面跨过另一个关键的自主性(程度)的分水岭。接下来我就将转向德勒兹与加塔利的人类—动物行为学以及"象征秩序"在其中的作用。

最后总结一下这些高原对《千高原》的总体计划到底有何贡献:从主要以差异与生成为特征的混沌系出发,他们描绘了将人类置于宇宙之生成的框架中的层化(与去层化)、辖域化(与去辖域化)的过程。如此一来,即使是最"人类的"活动与体制,也可以被看作是处于一个连续体之上,这个连续体不仅遍及其他形态的动物生命(如迭奏),而是波及整个宇宙。这个连续体的关键在于:随着我们从一个巨型层过渡到下一个巨型层,表达相对于其内容的不断增益的自主性(从无机层,到有机层,再到异质成形层),并且,"象征秩序"是出现在异质成形的巨型层上的。

人类—动物行为学

问题　人类的生命形式是怎样以象征的方式占据异质成形层的;人类的社会自我组织是如何通过符号来实现并在符号中获得反映——怎样通过语言、货币与图像来实现的?

主要资源　"语言学公设"高原、"论几种符号的机制"高原、"颜貌"高原和"捕获装置"高原。

在"迭奏"高原中,我们已经看到,人类行为与动物行为处于同一水平,因而在此意义上都落入"动物行为学"(对动物行为的研究)的范畴中。但人类行为仍然有与众不同之处:它不仅以辖域与迭奏为中介,也通过"象征秩序"或符号层得以实现。由于这个缘故,加之即使是对以符号层为中介的人类行为来说,辖域化这种动物共有的行为仍然起着关键的基层的作用,所以"人类—动物行为学"这个混合词便可被用来指示动物行为(动物行为学)世界中的独属于人类的(或人类学的)那一部分。符号层有三种主要元素,我将按以下顺序逐一考察它们对于人类"物种内社会组织"有何贡献:首先是语言,然后是我们所称的"颜貌",最后是货币。

"语言学公设"

就像德勒兹和加塔利通常会做的那样,他们通过一个论争进入对语言问题的讨论:"语言学"高原指认并推翻了他们认为是错误的四项基本公设,同时援引悉心挑选的语言哲学家 J.L.奥斯汀和沃洛希诺夫/巴赫金(Voloshinov/Bahktin)的成果,结构语言学家、尤其是路易·叶尔姆斯列夫的成果。四个错误的公设可概述如下:

Ⅰ.语言本质上或首先是提供信息并用于交流的。

Ⅱ.语言可以、也应该在不受"外部"(extrinsic)因素影响的情况下被理解。

Ⅲ.语言具有一些常量和普遍性,使其成为一个同质的系统。

Ⅳ.科学的语言学只能研究标准语言或主流语言。

我们已经了解了叶尔姆斯列夫的四元意义图式(内容的形式与实质和表达的形式与实质相结合)的重要性。不甚为人所知,却对德勒兹与加塔利而言同样重要的,是叶尔姆斯列夫在语言—系统和言语—行为(索绪尔的语言[langue]和言语[parole])之间所插入的他称作"使用"(的环节):一种语言系统中的所有可能的表述将构成一个无限的集合,而一个既定的语言共同体真正"使用"

的,只不过是其中的一个子集而已。早期的福柯并没有援引叶尔姆斯列夫,但通过理论化并分析他所谓的"话语构成"(discursive formations)而提出了"使用"的概念。德勒兹与加塔利则在此基础上更进一步,正如我们将要看到的,他们在"使用"(已经实现了的各种语言变式)之外,还加上了语言作为一个潜在的结构或系统所固有的各种潜能与连续的变化。

我们还是先来考察一下,在语言本质上是信息交流的这种观点之外,他们又提供了怎样的选择。奥斯汀早已指出了他所考虑的语言的一个特殊情况,即以言行事——比如当一个法官或牧师说道,"我此刻宣布你们为丈夫和妻子"。德勒兹与加塔利则将这一洞见延展至整个语言(语言使用的所有的情形),语言因此被重新定义为他们所称的一个"指令-话语"(order-words)的集合。语言的主要功用不是交流或告知,而是发号施令:他们强调,"语言的基本单元是指令词",并且,"信息只不过是为了指令(作为命令)的发布、传播及监察,而在最低限度上是必须的"(76)。然而,命令只是指令-话语的最直观的实例:甚至连叙事性的语言(比如陈述事实)也是指令-话语,因为它们是在将指令加诸于世界,与之相伴的一个变得隐而不宣的命令-功能则是:"你得相信……"——或者更确切地说:"事情应该这么说……"。因为指令-话语的作用甚至都不是一个相信与否的问题,更不是为了提供真相,而是要求遵从与顺服。

请注意这个被预设的叙事性指令-话语,"事情应该这么说……":这个表述是没有主语的。这正说明自由间接引语以及第三人称不定代词在德勒兹与加塔利对语言的理解中的重要性。语言不是第一人称和第二人称之间直接的信息交流,而首先是道听途说、是传闻——是"某个人"可能看过、说过或做过的事儿。然而,即使是不定代词"某人"也在自由间接引语中变得隐而不宣,谁也没有说出这个话:这便是叙事性指令-话语的来源。这样的观点其实已经属于一种结构主义的规则了:并不是我们在说着语言,是语言在说出我们。但沿着叶尔姆斯列夫和福柯的进路,德勒兹与加塔利将这种倒转表达得更加明确而具体了。不是一般性的语言在那儿说话,而是他们所称的一个"陈述的集体装配"(collective assemblage of enunciation)在说,而这个装配又总是处在某一特定的时空之中,并与一个欲望或实践的机器装配相关联——正如我们在福柯对监禁技术与罪行话语的分析中所看到的。个人的话语,如果(当它们)被说出,便总是从一个陈述的集体装配中衍生而来:法官可以合法地宣布一个司法判决,但其陈述及其合法性则完全取决于它在这个陈述的集体装配中的确切位置。然而,在许多话语种类中(与文学相对,最为熟知的莫过于神话),话语从不是归属于某个陈述的个人的主体的。换言之,直接引语是通过从尚未被归属的间接引语中演绎或将其具体化而产生的一个派生的结果,这时,集体陈述的话语被指派给主体化了的主体。无论如何,集体陈述是基本的语言实例,它总是与一个特定的社会环境相关联。归根结底,由集体陈述所发出的指令-话语的效力在于它们的赘言:"人人都总是说……"。是否赞同某一指令-话语所设想的情形,既要看它重复的频率(意义的基础),也要看它与我是谁以及我所想象的世界的样子之间的呼应(resonance)(主体化的基础)。因为"没有什么意义能独立于占主导地位的意义,也没有[任何]主体化能独立于既成的主体化秩序",德勒兹与加塔利将语用学(研究语言在社会环境中的使用与效果)看作是语言学的奠基石,而不是语言学的一个附属的或边缘的分支。不能将惯常认为是外在于语言或并非语言所固有的因素排除在外,因为它们都是使语言能够是其所是并为其所为的因素。

　　而它们的效力则在于它们的赘言,指令-话语所带来的效果就是德勒兹与加塔利(遵循斯多葛派的观点[1])所说的"无形的变化"
(incorporeal transformations)。在此,最好的例子可能还是死刑的司
法判决,它顷刻间就将某人从一个被告转变为一个犯人或一个自
由人。这一转变是无形的,因为它对被告人的身体并不产生直接
的影响;相反,它会影响当事人被赋予的社会地位,即使这种社会
地位的影响反过来会对身体产生剧烈的有形的影响——自由或死
亡。有形的实践与效果是在与话语实践的相互预设的关系中发生
的,反之亦然,但话语的陈述本身只产生无形的变化。无形变化的
这种效果也是一般的言语行为的特征——它们给(我们)共有的关
于事物的理解(也即占主导地位的意义所赋予的对事物的理解)带
来无形的变化。"我们就是那99%的人"这个标语,或许并没有带
来什么有形的变化,但它无疑为我们所共有的对我们栖居其间的
经济政治系统的理解带来了无形的变化。简言之,言语行为并不
建立、分担或传达一种与世界之间的"真-关系",而是建立或改变
关于世界我们应当或可能言说之话的意义。

　　将语用学设为语言学的奠基石也改变了语言中的常量及语言
中的标准化的状态。在这个问题上,德勒兹与加塔利赞同拉波夫
而不是乔姆斯基:如果一个黑人青年在一个极短的词组系列里,就
在黑人英语(Black English)与所谓的"标准"英语之间来回转换十
八次,正如拉波夫观察的个案,此时这两种英语之间的差别在很大
程度上就变得无关紧要了:重要的不再是常量或标准,而是语言在
不同的环境中与不同的说话者所经历的变化。德勒兹与加塔利还
引用过一个卡夫卡的短篇故事,它围绕着施事话语(performative
utterance)"我发誓"在三个不同上下文中的重复而展开:儿子对父
亲说出,爱人对他所爱之人说出,证人对法官说出。尽管三人都说

1　斯多葛派由古希腊的一群颇具影响的哲学家组成,他们主张克己与坚毅(而不
　　是自我放任),他们的信条在整个罗马帝国时期仍然很有影响。

了差不多的话,但这实际上是三个完全不同的陈述,语用学的目的不是要从中提炼出一个常量,也不是要把其中的两种情况划归为对另一个优势情况的仿效(比如卡夫卡的精神分析解读便是通过对俄狄浦斯那一幕赋予特别地位而实现的),而是要在一个变化的连续体上去理解这三种情况,从而阐明它们作为具体而不同的表达装配的相似与相异之处。

在此意义上,德勒兹与加塔利会反对将标准语言或主流语言设为语言学的主要研究对象就并不奇怪了。他们强调,"并没有母语[或标准语言][这种东西],有的只是权力被优势语言所接管"(101),因此,将一种语言标准化以便能够使对其的研究成为一种科学的研究,这显然是一种政治运作。他们认为,如果有两种语言,标准的和不标准的,崇高的和低贱的,主流的和非主流的,"前者则完全通过常量的权力(power[pouvoir])来界定,后者通过力(power or force[puissance])的变化来界定"(101),语言学的领域于是被分裂为两个相互竞争的方面,一边是确认标准语言的权力、肯定非主流语言的效力;另一边则是用非主流语言的资源颠覆主流语言的完整性及其权力——德勒兹与加塔利称为主流语言的"非主流化/生成-非主流(becoming-minoritarian)"。他们认为,"非主流/少数派是可以作为对象来加以描述的状态,语言的状态、种族的状态或性的状态,以及它们自己的聚居领地(ghetto territorialities),但是,它们也应该被看作是种子、生成的晶体(crystals of becoming),其价值在于促发不可控的运动和对主流的解域"(106)。(就风格而论,我们来看看德勒兹与加塔利是如何颇具启发性地使用"晶体"这个词的,它敞开了一个地下通路,向后回溯到他们所说的晶体化作为一个咬合与层化的过程,向前则是他们将要谈到的战争机器作为生成引擎通过传染而运作)。在此,我将转入伦理和政治领域,这些主题原则上是留待本章的后续部分

81

来处理的,可是,德勒兹与加塔利对语言学的研究为后续的诸多议题(在《千高原》中是如此,在本书的讲解中也是如此)奠定了重要的基础。因为,通过从一般性的、各种不同的语言使用中提炼出常量以建立一种标准的主流的语言,语言学最终将所有人都排除于主流之外!没有人完美地符合标准,事实上每个人都在一定程度上偏离标准——如此一来,颇为吊诡的是,生成-非主流成为了新的普遍性:他们认为,"连续的变化构成了所有人的生成非主流,而与之相对的则是无人的主流化之事实(the majoritarian Fact of Nobody)";"通过树立一种普遍的非主流化意识的形象,我们将处理一个不同于权力和控制的领域中的生成之力(powers[puissances])",而"生成-非主流作为意识的普遍形象则被称为自主性"(106)。[1]

在完成这些倒置与变形之后——绘制变化而不是提炼常量,举非主流(而不是主流)作为普遍形象,置语用学于语言学之中心而非其边缘,如此等等——德勒兹与加塔利回到他们开始时谈到的指令-话语的概念,并赋予它一种特别的、额外的力量:不是强加于人和事物之上的权力,而是打破秩序和变化的力量。指令-话语有一个隐藏的面向,换言之,即他们所说的"密码"—— 一种会引发变化的对语言的使用,而且它把语言自身变成了一种战争-机器(用变形机器这个词更好)。此外,在"语言学"高原的结尾处诉诸这样的"密码",打开了一条直接通往"游牧学"高原的地下通道,通向主流科学与非主流科学的问题,也通向战争-机器自身的问题——所有这些,我都将在下一章节进行考察。

---

[1] 德勒兹与加塔利仿效斯宾诺莎,将"权力"(Pouvoir)与"力"(Puissance)区分为不同的范畴,英文中,"权力"(Pouvoir)和"力"(Puissance)常被翻译为"power"和"force"。"权力"(Pouvoir)是指施加于他者之上的一种限制性的权力(power),而"力"(Puissance)则是指一种通过与他者的合作而产生的提升了的力量。

"论几种符号的机制"

此刻,我转向紧随"语言学"高原之后的"论几种符号的机制"高原。我们已经看到,德勒兹与加塔利随叶尔姆斯列夫之观点,在个人言语行为与作为整体的语言系统之间引入了一个"使用"的层次——一个包含"陈述的集体装配"的层次。但我也必须指出,这个层次中还包含着符号的机制,它们在比陈述的集体装配远为宽广的规模上就是"使用"的构成。然而,在一个极为重要的方面,符号的机制与陈述的集体装配有所不同:装配是双重咬合的,它由身体的机器装配和陈述的集体装配以相互预设的方式组成,因而它既包括内容的形式化也包括表达的形式化(以及内容的实质与表达的实质)。相反,一个符号机制则是对表达的一个特定的赋形(就其自身而言)。诚然,每个(符号)机制都是在极为充分地与一个特定的权力机制的关联中得以形成并巩固自身的,也正是在这种关联中符号机制才最容易被理解,但是,任何一个既定的社会都会有许多符号机制同时共存,这些符号机制既可以自我表达为人格类型和人格障碍,也可以在社会生活的诸方面获得表达。无论如何,符号机制不仅在规模上比装配更大,同时也更加抽象。对符号机制进行研究是有价值的,因为它们的抽象化、或者说它们从内容的形式化中获得的自主性,正是使异质成形巨型层区别于其他巨型层的特质,它也解释了缘何异质成形层具有比其他两个巨型层更快的速度。语言编码比基因编码要灵活得多,其变化也快得多;确实,可能只有货币的符号系统比语言更快、更灵活——之后我还会回到货币问题。在此,我着重谈德勒兹与加塔利着力最多的两个符号机制,尽管他们实际上总共谈及四种机制,并且承认其实还有许多可能的符号机制。最重要的两个机制是"表意"(signifying)和"后表意"(post-signifying)机制或符号学。另外,两个

则是"前表意"（pre-signifying）和"对抗表意"（counter-signifying）符
号学——它们大致地与原始社会和游牧战争机器一一对应，而且
常常是以对照的方式引介而来用以烘托前两种机制的特征。前表
意符号学具有如下显著的对照性特征：在这种符号学中，声音或能
指并不享有任何特殊待遇，它们不是表达的唯一的或首要的物质，
同样的，意义或所指也不享有任何特权，它们不是内容的唯一或首
要的形式；在此，符号非常直接地与特定的辖域相关联，而不是首
先指涉其他符号，它们不仅是"多重意义的"（poly-vocal），也是"多
重符号的"（poly-semiotic），因而，手势、节奏、舞蹈、仪式等都与语
言表达同等重要。这些特征与表意符号学的特征逐一形成鲜明对
比，后者的特征是，"对抽象实施普遍化、树立能指、话语循环及其
相关项、国家机器、专制的任命、祭祀等级制……"（118）。那么首
先，让我们更细致地来看看表意符号学（机制）。

表意符号学与后表意符号学

表意符号学最初是与专制统治一同出现的，因此，它关涉对一
个或几个民族的征服，以及暴君及其附庸周围的人之外相距甚远
的解域了的统治。专制带来了能指的统治与所指的式微，因为帝
国暴君施放的符号已经不再直接与远低于他眼界而存在的辖域相
关了——专制规则能在整个帝国获得传播，是得益于一群解释并
将专制的统一文字散布至其臣民的官员或牧师，不论这些臣民说
的是什么语言，也不论他们栖居在怎样的所指世界中。因此，表意
符号机制本质上就是多疑的：不仅被征服的臣民总是得担心那个
遥远的暴君颁布的法令到底是什么意思（在被处死的威胁之下），
而且，由于帝国是以同心圆的方式从霸权中心向外扩张，周边的环
境变得更加多样，就连帝国的牧师与官员都有理由担心他们对暴
君之所言、所著与其所欲的意义之解读是否正确——与此同时，暴

君自己也有理由担心被欺骗,要么是被他的附庸所骗,要么是被他的臣民所骗,或者两者皆有。在极端的情况下,帝国的法令对任何不遵守或不理解其意义的人宣告死刑;"处死或放生"是福柯为这种符号机制的极端形式所做的标语。而在极端的另一面,最好的情况也只不过是,暴君令其流放,因藐视帝国之要义而被捕的替罪羊不是被杀,而是被流放至荒漠,再不为暴君所见。

相较于表意的符号机制,后表意符号学看起来无疑更加"现代"——尽管我们接下来会看到,今天的国家其实同时调用这两种机制,并摇摆于两者的此消彼长之间。表意机制以"多疑-阐释性"(paranoid-interpretive)意义为特征,而后表意机制则以德勒兹与加塔利所称的"热情的主体化"(passional subjectification)为特征。帝国的中央已经无以为继,暴君厌恶他的臣民,所以逃入荒漠不再是放逐,而是一条"逃逸线"(line-of-flight)或者说逃向自治、死刑暂缓执行的生存。普遍的欺骗让位于相互背叛:暴君或上帝转过身去背叛他的臣民,人民则无视他的法令,出逃以追求他们自己的主体性主权,于是也背叛了暴君或上帝。(新教改革可以充当这一机制的一个实例,但也只是众多实例之一,它并不是独一无二的历史转折点)一个新层次的主体内在状态得以发展,既包括个体化了的意识(我思[cogito]),也包括浪漫的激情,一种自恋的自以为是同时贯穿两者:"是我——我是特别的"。然而,即使暴君已经背向臣民,他却并未完全消失,结果是其权力机制变得官僚而威权,而不是个人的和专制的,主体化的热情也陷入怨恨之中,不是对威权怨恨,便是对迷梦中的爱人的怨恨。超越的中心化的专制权力让位于一种内在的无所不在的权力形式,它通过规范化与威权来界定优势现实(过去的暴君既不必这么做,也没能力这么做)。现在,主体化了的主体只听从自身——他们遵从他们自己颁布的或认可的规范,而不是暴君本人——但他们却以认同已经在指令-话语所颁

84

布的优势现实中生效的规范而告终。德勒兹与加塔利总结道，"一种新形式的奴役就此创生，也即成为自己的奴隶"（130）。

85 　　其结果是，尽管表面上看起来具有现代性特征，主体化其实是和表意（signification）属于同一个巨型层——过会儿我们就会看到，和"颜貌"高原一道，它们总是以一种混合的符号学共同起效，表意通过"频率"的冗余（redundancies of frequency）（以德勒兹和加塔利所称的"白墙"的形式）来运作，而主体化则通过"共振"的冗余（redundancies of resonance）（以德勒兹与加塔利所称的"黑洞"的形式）来运作，两者结合起来便构成了一张"脸"。不过，眼下我想强调一下影响或折磨人类的四种主要的层：有机物，辖域的迭奏，表意-解读，以及热情的主体化（passional subjectification）。相较于表意符号学（符号独立于所指而只指涉其他符号）的相对解域而言，主体化的符号学关涉的是一种绝对的解域，通过发展主体的内在状态而趋向自治（逃逸线或逃遁线）。然而，绝对的解域也有其自身的危险——在这种情况下，主体的内在状态可能会在黑洞中毁灭自身，而不是制造并维持与坚实性平面的接触从而构成能存活的"无器官身体"（body-without-organ）。正如德勒兹与加塔利所说，"从这个角度看来，问题是要将最优装配从面对层的一面拨向其面对坚实性平面的一面"（134），换言之，去层化。

"元年：颜貌"

　　颜貌化（facialization）自身就是一个抽象机器，为混合的表意-主体化机制提供一种特定的表达物质。作为一种共通的表达物质，只有"颜貌"确保了作为这些符号机制所必需的两种冗余形式，"频率"与"共振"之间的可译性与协同运作。颜貌的概念，部分来自于心理学领域的经验研究，部分来自于视觉艺术（尤其是宗教图像学），部分来自于哲学与精神分析：它将萨特的"凝视"（黑洞）与拉康的"镜像阶段"(白墙)合并起来。

颜貌化虽然是抽象机器,却又是非常特殊的一个机器——并不为所有人类共有(更鲜见于动物之中)。颜貌机器的一个主要成效是"将头部从有机层中抹去"(172),而使其作为异质成形层的一部分发挥作用,另一个同样重要的成效是通过对头部与面孔一同进行过度编码来解码多重声音的、多重符号的前表意的身体。在此意义上,颜貌化代表了一种绝对的解域,但却仍然是否定性的,因为它保留了一种对层加以巩固的权力机制——尤其是表意与主体化之层。这种巩固是通过德勒兹与加塔利称为"双重单义化"(bi-univocalization)和"二元化"(binarization)的两个操作而实现的。树形的双重单义化通过在白墙上将差异转化为对立而实现:一个人要么是男人,要么是女人,非黑即白,不是成人便是小孩,非富即贫,如此等等。颜貌便是这样在混合机制中强化表意符号学的。起规范作用的二元化操作,不是通过非此即彼的逻辑,而是通过"是与否"的逻辑得以展开——一个人要么遵守规则要么不遵守规则——如果不遵守,便进一步评估其偏离规范的程度。这一操作通过在黑洞中固化主体的同一性来巩固混合机制中的主体化的符号学。德勒兹与加塔利从他们对颜貌的分析中得出了引人注目的结论:现代欧洲的种族主义并不是我们常常以为的那样,把非欧洲人当作"他者"(Others)并排斥他们,而是容纳他们并估量他们相对于欧洲标准的偏离程度。如此这般地估量其不标准的偏离程度,却并不能减低种族主义的危害及其令人憎恶的程度:它无疑能帮助主人种族(a master race)调整其包容差异的能力,但同样,对于锁定并灭绝异己种族的行径,它竟也能为之提供辩护(177)。

颜貌作为抽象机器有其特殊性,然而,只有"某些社会构成需要[这]面孔"(180),(正如德勒兹与加塔利所强调的)这一事实,却又向我们提出了一个问题:最初到底是什么触发了颜貌的产生呢？德勒兹与加塔利说，"这背后是一整部历史"：

> 在一些极为不同的年代里，存在着一种所有异质性的、多
> 义的、原初的符号学的普遍崩溃，而此种崩溃却有利于建立一
> 种表意的和主体化的符号学。无论在表意和主体化之间存在
> 着何种差异，无论在某种情形之中哪一方占据了优势，也无论
> 它们的事实性的混合采取了怎样多变的形象，它们恰恰具有
> 一种共同点，即消灭所有的多义性，将语言提升为一种排他的
> 表达形式，通过表意的双重单义化以及主观的二元化而展开
> 其操作。
>
> （180）[1]

87

符号机制在《千高原》中并未被指定一个确切的年代，德勒兹与加
塔利也确实坚持认为符号机制并不遵循一种线性的演化，而且它
们总是可用的，某一种单独的机制或（更多的时候）是混合机制。
即使是在刚刚引述的颜貌化"背后的整个历史"之中，他们仍然主
张那是发生在"各种不同年代"的。可是在这个高原的标题中，颜
貌机器被指定了一个年代：元年（耶稣的诞生）。他们是这样解
释的：

> 如果我们能为颜貌机器确定年代（基督元年以及"白人"
> 的历史进程），这是因为，在那个年代，融合不再是一种交错或
> 交织，而是变为一种彻底的渗透，其中的每个要素都浸透着另
> 一个要素，恰似红黑的酒滴落入白色的水中。我们现代白人
> 的符号学，也即资本主义符号学，已经达到此种融合的状态，
> 其中的表意和主体化实际上已经延展到彼此之中。因此，正

1　参见《资本主义与精神分裂（卷二）：千高原》，第 251 页，姜宇辉译，上海书店出
　版社，2010 年 12 月。——译者注

是在这种符号学中,颜貌或者白墙/黑洞系统才获得了充分的拓展。

(182)

高原的年代确实反映了他们用概念的方式勾勒出的"事件"的最高强度的那个时刻,然而,不如年代自身那么令人惊异的是,在此,颜貌-机器并不与"各种极为不同的年代"相关联,而是以特定的方式,不仅与基督的诞生相关,还与白人的全球性主导地位相关,与资本主义符号学相关!一种理解此种反常现象的方法,就是要注意到,由基督教上帝之子所做的牺牲而使我们欠下的无法偿还的债务,通过新教主义转化为我们对资本欠下的无尽的债务,永无尽头——如此便形成了一架庞大的权力装配,它要求颜貌化在过去的两千年中(或之间)形成、变形继而消失的无数的装配中始终保持其自身。无论如何,对于到底什么触发了颜貌化的机器这个问题,是有一个明确的答案的:是一个具体的权力装配促发了颜貌化的抽象机器,后者则又保障了对表意与主体化符号学的有效解读。正如德勒兹与加塔利所说,"面孔是一种政治"(181)。

关于颜貌-机器,德勒兹与加塔利提出的最终的问题是如何瓦解它。"如果面孔是一种政治",他们接着说,"瓦解面孔便仍然还是一种政治,一种带来真正的生成的政治,彻底的生成-隐秘(becoming-clandestine)"(188)。这种反-政治并不会退回到颜貌开始运作时过度编码的原始多重符号的头部,而是进一步推动颜貌,将其转变为一种开发性的"探头"(probe-head)机器。他们强调,面孔"并不是一个必需的阶段,而是……一种工具,必须为它开拓出一种新的用途"(189)。这种再加工是可能的,因为任何抽象机器都有两种基本状态。在一种状态下,其解域仍然是相对的,因而会固结出层,或者即使变得绝对却仍然是否定性的,因为它们还是为权力机器服务。(后一种情况其实就是颜貌-机器。)在另一种状态下,抽象机器的解域变得绝对而肯定:于是便能建立并保持与坚实性平面的接触,成为图解式的(diagrammatic),且最终能自我转化成新的不同的机器,成为一个真正的变形-机器——一个战争机器。在此,去颜貌化将带来探头机器,从而通过坚实性平面上的肯定的解域,去探索其他的坚实性。

就整本《千高原》而言,对颜貌的研究向我们展示了,图像机器如何能够与符号机制相互作用,根据相关的抽象机器所组织的解域的力度、自治程度及其特质(相对/绝对,否定/肯定)来建构"象征的解决之道"(Symbolic Solutions)以应对各种不同的人类的"物种内社会组织问题"。货币作为"象征"秩序的第三种媒介,其与众不同之处在于它自治的极端程度,我们将最终在"捕获"高原中见证这一极端的自治。

"捕获装置"(1)

初探"捕获"高原时,我将仅仅考察货币在某些经济装配中的作用。关于捕获装置可谈之事远不止于此,而我将在其与政治"问题"的关联中重返这一问题。与此同时,对捕获方式的考察将充实我们对已经谈及的国家形态之思以外的"国家"的理解,因为专制统治在诸种捕获模式中划出了一个重要的分水岭。

关于经济装配,首先要说的便是它可以分为两个基本的范畴:涉及物资囤积的经济装配和不涉及物资囤积的经济装配。确实,辖域化社会防止"国家"权力的形成并保持无头状态(比如,没有头领,没有"国家"首领——正如我们在法国人类学家马塞尔·莫斯和皮埃尔·克拉斯特尔的重要工作中所了解到的那样)的一个主要方法便是,防止物资与财富的囤积(通过诸如夸富宴[potlatch]这样的仪式)。在某种意义上(价值与指导日常生活与实践的法则无从区别也无法分离,因而它可以说是"经济"价值,同样也可以说是宗教价值或社会价值或声誉价值),这种社会构成既是无经济的又是无头的。这一切都因帝国的出现而改变,专制统治可以——它能够也必须——对它征服的土地与人民的相对价值进行比较。吊诡的是,帝国对辖域的征服与拥有事实上会导致重要的解域运动,因为价值此刻是以外生的方式,被高居其上的专制所决定,而不是以内生的方式根据在土地上劳作的地方团体的法规来决定。因此,对囤积之土地的专制所有权便成为地租的基础,通过不同块土地的生产力决定地租,并据此收取租金(或贡品):只有专制统治能这么做。

至于生产,情况也极为类似。正如在辖域化的社会中根本不存在"经济"价值这种东西,这里也没有所谓纯粹的"生产"(work per se):有的只是一系列混杂的不可区分的自由活动,这些活动的方方面面都相互关联,"生产"(produce)出足够的和多于足够的物资以维系组群。而这一切都因对人民的征服与/或奴隶制度而改变,对于专制君主来说,人民的价值在于且仅仅在于他们的劳动。或者更确切地说,是他们的剩余劳动:在维持劳动者的生存所必需的一定量的"必要劳动"中,暴君并没有既得利益——总是有更多的劳动力要通过征服与奴役来获取。因此,相当矛盾的是,最先到来的其实是剩余劳动,而且最初,剩余劳动就是一切。(德勒兹与加塔利把这种形式的奴隶制称为"机器的奴役",因为,与自主选择职业并发展相应劳动力的"雇佣劳动者/薪奴"(wage-slaves)不同,这些奴隶的主体性是无足轻重的:可以说,它们形成的是牧群而不是猎群,被当作牧群而不是猎群来对待。)需要重点强调的是,这个所谓的"剩余"劳动的范畴专指暴君及其官员所使用的用于大规模公共工程的囤积劳动力,而不是被征服的人民用在自家草皮上的生产活动。

这个区别很重要,因为,在此,某种相似的,如果有什么不同的话,那就是某种甚至更加复杂的东西显露了出来:那些被征服,但遵照暴君的直接指令,并没有被强制性地为公共工程计划劳动的人,无论如何都必须对暴君间接地(比如,并不直接为他劳作)有所贡献。在帝国的解域之初,由之前的自我组织的自由活动所生产的一定比例的"物资"(goods),从部落内部的流通中被扣除,并转交给暴君。正是这部分带来这一比例的物资的自由活动,成为"生产"——再次强调,这里的那部分生产显然是"剩余"劳动,而不是"必要劳动"。换言之,在此,仍然是"剩余劳动"先出现,用以生产剩余产品来献给暴君。但是接下来,到达某个临界点时,囤积剩余产品对于暴君来说变得毫无价值:它们会损毁或腐坏,或干脆因为许多其他原因而变得不能用了。这个"问题"便将我们引入了帝国的解域的第二个重要时刻:以货币的方式来进贡(捐税);纳税。与资产阶级经济自利的想象截然相反,货币实际上不是从商品交换或实物交易中产生,而是一方面从礼物交换(在前经济的辖域的社会构成中);另一方面从帝国的纳税制中产生,且暴君对货币制造及其流通享有专属权力。因为其高度的抽象化与方便保存的特性,货币成为诸多被征服的臣民首选的进贡方式,它可计算、可比较、更易于转让,而且——更重要的或许是——它可以永远地累积下去。至此,帝国的债务真的可以变得无穷大了。

暴君的帝国因而就是第一个捕获装置或"巨型-机器",它以我们刚刚考察过的三种方式发挥作用:暴君同时是(1)杰出的土地拥有者,他仅仅通过土地所有权及土地比较来捕获地租;(2)显赫的大型项目企业家,他通过对"机器的奴役"体制下的牧群劳动的所有权与/或配置来捕获剩余产品;(3)也是仁慈的征服者,他通过拥有货币并掌控其流通而捕获贡品与税金(而不是奴役被征服的人民或将他们处死)。暴君专制也是第一个以社会的方式运转的颜貌-机器的实例(即使耶稣-基督-资本主义者是最好的实例),"囤聚物资"之白墙为比较提供了一个"普遍的"空间,而暴君自己则是那个无限积聚的黑洞。

所有这一切都将随着第二个巨型装置或巨型捕获机器,即资本主义的到来而再次发生改变。在此,相关的捕获模式,仍然是那三种,但它们却发生了显著变化。现在,租金在所有形式的资本所有者这里积聚,而不仅限于唯一的土地拥有者暴君。剩余则主要以剩余价值的形式被捕获,其抽象程度远远高于剩余产品和剩余劳动,尽管对剩余价值的占有仍然会牵涉剩余产品和剩余劳动。现在,货币更多地介入商业交易而不是税收,尤其是介入经由融资、占有剩余价值以及工资-商品-购买的循环而实现的资本创造。在资本主义制度下,货币变得对所有三种捕获模式都至关重要,因为它是完全量化的,并且完全独立于所有的内容-平面(content-planes)——甚至比暴君面孔(the Despotic Face)、语言的各种符号学、更不必说基因编码还要更加独立于内容-平面。但货币也使我们所能想象的最深刻而又广泛的劳动分工成为可能——一种劳动分工当然同时也是对劳动的一次再接合(re-articulation)——为日益增长的生产力服务:在它所促进的专门化的程度上更加深刻,生产活动的范围更加广泛直至全球。因为货币既是被解域得最彻底的元素,也是最具有解域力的元素,货币资本于是取代了作为至上解域引擎的国家,国家现在的相对解域从此以后便成为资本进行再辖域化(re-territorialization)的场所——正如我们将在"政治"章节所看到的那样。

至此,仍然有待鉴别的是,货币在颜貌机器的这个资本主义变形中所起的作用。当然,面孔早就已经转过脸去——但同样无疑的是,它确实实还在这儿。只不过现在是市场(因货币而成为可能)——德勒兹与加塔利认为资本主义真正普遍的元素就是货币——充当用于比较的白墙,跨国资本则充当无穷积累的黑洞。

92

相较于符号与图像,货币在最抽象的水平上、以最快的变形速度和最大规模的发展(整个地球以及地球上的一切)、将市场培育成一种应对人类"物种内社会组织问题"的"解决之道"。

简短回顾一下德勒兹与加塔利的人类—动物行为学对他们的总体规划到底有何贡献,我们可以看到它的三个总体目标:

1)接续"迭奏"高原,并明确人类的异质成形巨型层是如何从非人中分离出来的(比如通过"象征"秩序);

2)发展出一种对此"象征"秩序的后结构主义的、后人类的,尤其是后语言学的绘制——诚如它制定或提出针对人类"物种内社会组织问题"的"解决之道";

3)最后,将货币分析为一种符号机制,它在比语言或图像更高的解域水平上运作(通过一种目前仍然是量化的表达形式),为人类"物种内社会组织"提供"解决之道",包括租金、利息、劳动分工与接合,以及世界范围的市场。

为了实现这些目标,一些举措已经超出语言学与结构主义的范畴——甚至相当程度上超越了后结构主义:

- 语言学被倾覆,符号机制获得青睐,其中有两种符号机制获得细致的分析:表意机制与主体化机制;

93

- 符号的混合的表意—主体化机制依据颜貌而获得分析,一路从基督、暴君,一直分析到当代资本主义;

- 在劳动分工与接合(远非通过迭奏所能实现,却也并未彻底消除迭奏)的发展之中确定货币的作用;

- 对资本主义颜貌的超越则是通过革命性的战争机器的形式来实现的,然而在平滑的资本主义图景之中,一个战争机器自身总是要面对另一个战争机器作为其敌手。

伦理学

问题 上述关于本体—美学与人类—动物行为学的诸章节，为我们概述了对于人类的理解，这一理解却引发一个伦理学问题：人类个体要如何自我组织，才能与他人一道尽可能地实现既有成效又愉悦的去层化？

主要资源 "怎样使自己成为无器官的身体?"显然是最专注于伦理学问题的高原，"一匹狼还是一些狼"高原、"三则短篇小说"高原，尤其是"生成"高原也都对伦理学问题有重要贡献。

"一匹狼还是一些狼"

与"无器官的身体"（Body-without-Organs）高原一道，"狼群"高原最后一次简要回顾了弗洛伊德与精神分析，它们曾是《资本主义与精神分析（第一卷）》的首要问题。在第一卷中，德勒兹与加塔利指出，俄狄浦斯情结并不是无意识的核心，它只是表现了一个独属于资本主义的副现象。而在此，以狼人的个案作为例子，他们提出"怎样更好地理解无意识"的问题。以此为目的，他们引入了三个基本概念：无器官的身体，多重性（multiplicities），以及陈述的集体装配。

因为无器官的身体这个概念在《反俄狄浦斯》中已经获得详尽的阐发，《千高原》中又有一整座高原专论无器官的身体，所以在此我们仅作一些基本的概述。在一个重要的意义上，这个词其实并不恰当，因为无器官的身体并不是指一个失去了所有器官的身体，在这样一个装配里，器官摆脱了那些被认为是"自然的"或"本能的"、使之成其为一个有机体的组织。无论是自然产生的本能,亦或是社会反复灌输的规则与习惯,总是太过经常地给器官赋予了特定的目的和目标,而为人之美(或人类之美:其本体—美学)则在于它挑战任何或所有先定形式的组织。德勒兹与加塔利解释道,"一个无器官的身体并不是一个被掏空了所有器官的身体,而是这样一个身体,在它上面,充当器官之物(狼群、狼的眼睛、狼的下颌?)根据群集现象以分子的多重性形态呈布朗运动分布"(30)。因此,无器官的身体是使人类生命形式得以摆脱有机巨型层和其后的任何既成的异质成形层、以各种不同的方式踏上自我组织的律动线。

　　同样,多重性这个概念在之前的"根茎"高原已经有详尽的阐发,在此我们不再赘言。对两种多重性的区分要归功于德国数学家伯恩哈德·黎曼和法国哲学家亨利·柏格森,正如在"根茎"高原中所说的那样,德勒兹与加塔利将这种区分重塑为树形的多重性与根茎式的多重性。在"根茎"高原,多重性被赋予了一种植物学的图像:根茎;而此处则是一种行为学的图像:狼-群;一些狼,而不是弗洛伊德用以还原狼人之梦的一匹狼;"为狼"(wolfing)的多重性,而不是统一性。无意识是一种荒漠景致,其间充满各种动物,而不是一种为孤独演员喃喃独语而设的舞台布置。体现在狼群中的群集凝聚力的"意味"就仿佛是一种前人类的针对"物种内社会组织问题"的"解决之道",它同样可以用来解决人类的"物种内社会组织问题":人类之中,游牧社会的凝聚力与定栖的以国家为中心的各种形式的社会组织相对,就像猎群动物之于牧群动物。

95　这样一来,我们再次与世界一同思考。正如瑞士社会学家埃利亚斯·卡内蒂(在《群众与权力》中)所分析的,定栖的群体或人群的特征,是一个相对较大数量的成员之间的同质性与可分性,而且,通过一种个体认同于群体的单向的领导关系,群体认同于首领,首领成为群体的化身。群(packs)与伙(bands)则相反,它们的特征是一个相对较小数量的成员之间的异质性与角色专门化,它赋予领导关系一定的灵活性。"卡内蒂注意到,即使在有其他成员陪伴的情况下,群中的每一个成员仍然是单独的(比如正在搜寻猎物的狼群);每一个成员一面照顾自己的同时参与到伙群(band)之中"(33)。群的首领必须随机应变,"走一步看一步",正如德勒兹与加塔利所说,"每一手都必须下注",而(定栖)群体的首领则"固着于过去所得或将它们资本化"(33)。极端的情况是,群形成多重性,抵制统合(totalization)与统一(unification),拒绝被还原为同质的大众(mass),如此便预示了游牧主义作为一种人类应对"物种内社会组织问题"的"解决之道"。

但是,在德勒兹与加塔利看来,爱也是——或可以是、应该是——一个交叉的多重性的问题:

> 每一场爱都是一次练习,在一个有待成为无器官的身体上的一次去人格化的练习,在这个去人格化的制高点上,某个人……才在对(与他或她之间相互归属的)多重性的瞬间把握之中,以最强烈的方式脱颖而出。
>
> (35)

他们解释到,爱一个人,就是把他从大众或人群(同质性人群)中摘取出来,进而发现"这个人自己的群(packs),他或她包藏于自身之中的多重性",并最终将这些多重性与你自己的多重性相融合。当然,德勒兹与加塔利在此(也在其他地方)也提请大家注意,这种同质性人群(masses)与异质性的群(packs)之间的区分仅仅是分析性的,事实上此二者在无意识中(以及其他地方)始终保持着相互作用,packs 从 masses 中剥离出自身,变成其他 packs,或与其他 packs相融合,只是为了之后再重新整合入其他 masses,如此往复。

这个较为靠前的章节引入的最后一个重要概念是"陈述的集
96 体装配",它在之后的"语言学"高原中获得了更为充分的考察。在
此,它被用来针对精神分析会试图为个体恢复的他的或她的"整全
话语"(full speech)的概念,比如对一个人意欲表达之意的完全的把
握,陈述的集体装配则在相当程度上是无意识的,并且由非常多样
的各个种类的元素构成,包括力比多的、社会的和技术的机器。德
勒兹与加塔利强调,并不存在任何个人陈述,既然所有的陈述都是
机器装配的产物,因而是集体作用者(agents)所作之陈述——此处
的"集体作用者"不仅涉及人或社会,还涉及各种不同的多重性(其
中当然包括人与社会)。通过福柯对监狱-罪行复合体的分析(在
"地质学"高原有关层化的讨论的章节中),我们已经看到了陈述的
集体装配以及它与身体的机器装配的关系的重要性。而在"狼群"
高原这里,则是要揭穿精神分析的欺骗与伎俩,即它所声称的使个
体能最终以他们自己的名义发声,而事实上只不过是使他们复述
某种特定装配的陈述而已——精神分析中的俄狄浦斯情结就是一
个不折不扣的资本主义体制,将人困在一种虚假的个体性之中,而
不是给他们自由去探索他们的多重性,当然还有对他人的多重性
的探索。

"怎样使自己成为无器官的身体?"

这显然是最为直接地处理伦理学问题的一座高原。在它的标
题上,一种伦理的律令已经不言自明:将自己变成无器官的身
体——这一高原便要告诉我们到底如何做到这一点。无器官的身
体这个词,是德勒兹与加塔利从法国剧作家安托南·阿尔托的一
篇文章[1]《弃绝上帝的审判》中选取而来。在"道德地质学"高原

1　其实是一部广播剧。——译者注

中,查林杰教授将层表述为上帝的审判,而无器官的身体则极为紧密地与去层化的律令相关联。我已经说过,这个词本身其实并不是十分贴切:"无器官的组织(body-without-organization)"会更好,它界定了一种对身体去组织化的倾向,去层化的倾向,将身体从层化、统一化、同一化和同一性中释放从而使之与多重性、与强度的试验得以可能的倾向。这不仅仅是一种倾向:而是一整套去人格化的精神分裂的程序,与精神分析治疗的程序形成鲜明对照:

> 在精神分析师会说"停一停,请再次找到你的自我"的地方,我们应该说,"让我们走得更远些,我们还没找到我们的无器官的身体呢,我们对我们的自我还瓦解得不够呢"。用遗忘取代回忆,用试验代替解释。去找到你的无器官的身体。弄明白如何才能变成无器官的身体。这是一个生死攸关的问题,一个事关青春与年老的问题,一个关于悲伤与快乐的问题。一切在此上演。

(151)

把无器官的身体说成是"一切在此上演"之所,是因为它是层化与去层化争夺优势的地带,关于这一点,我们马上就会看到。然而,每个人其实都有一个无器官的身体,或一些无器官的身体,至少在某种程度上有。任何人,除了纯粹的陈词滥调("今天的天气可真好……"),若还能进行其他的交谈,就不仅是通过说话而将嘴巴与舌头从"本能的"消化功能中释放出来,还将"言之有理"(make sense)的能力从纯粹的习惯中释放出来,这便可以说是构建了一个无器官的身体——尽管它并不总是一个特别有强度的无器官的身体。无器官的身体并不是一个空间或场所,准确地说,它是一个与强度进行试验的契机,一个"持续地自我建构[关联]的环境"(164,165),摆脱了器官性功能的束缚的器官散布其中:"'一个'

胃,'一只'眼睛,'一张'嘴:不定冠词……表达着纯粹的强度的决定性、强度的差异"(164)。有些人会竭尽全力构建最高强度的无器官的身体——比如受虐狂。他们的强度纯粹是疼痛的强度,但是他们的无器官的身体却被精心构建以便能够在尽可能高的水平上维持那些强度。德勒兹与加塔利举中世纪风雅之爱作为另一个无器官的身体的例子:强烈的、动情的人与人之间的关系,通过一整套意在阻止欲望之达成的文化程序,而得以保持。相当讽刺的是,性高潮的快乐就是维持高强度欲望的主要障碍之一,因为性高潮使欲望终结,或者至少会使欲望的强度大幅度下降。另一个理解无器官的身体会遇到的障碍,就是要么根据匮乏来理解欲望,要么根据某种关于"不可能"(impossibility)的超越的理想来理解欲望,仿佛风雅之爱的强度是由某种缺失的东西所导致,或者是因某种超越俗世的奉献(other-worldly devotion)而生,然而,事实上构建无器官的身体只是为了保持欲望的最高强度:

> 用一种匮乏的规律或一种超越的理想来解读风雅之爱,是一个错误。放弃外在的快乐、它的延迟或它的无限倒退,反倒证实了一种完成的状态,在这种状态下,欲望不再缺乏什么,而只为其自身所充实,并构建起它的内在性场域。快乐[不像欲望]是一个人或一个主体的情感;对于人们来说,在超越他们的欲望过程中"找到自身",这是唯一的途径;快乐,即使是那些最不自然的快乐,都是再辖域(re-territorializations)。然而,问题恰恰在于,是否有必要发现自身[回答是没有必要]。风雅之爱不爱自我,它也不会以一种崇高的或宗教的方式去爱整个宇宙。问题是要形成无器官的身体,在其上流通着强度……不是以一种更高水平的普遍性或一种更宽广的外

延的名义,而是根据那些不能再称之为属人的特异性和无法
再称之为广延性的强度。

$$(156)^1$$

德勒兹在其早期对萨赫·马索克(Sacher-Masoch)的研究《冷酷与
残酷》中所谈及的受虐狂也是如此:将被忍耐着的疼痛理解为是为
了获得快乐,这是一个错误,因为事实上,疼痛是被用来切断欲望
与性高潮的外在快乐之间的"本能"关联,从而阻止后者(快乐)中
断前者(欲望),"积极欲望的持续的过程"(155)。换言之,无器官
的身体是欲望"构建其自身的内在性场域"的时刻或场所,经由无
器官的身体,欲望最大化其潜能,一种精神分裂版本的弗洛伊德式
的"多形态反常"——只不过,无器官的身体不是一个有待(以"成
熟的"异性-生殖的性的名义)摒弃的性的不成熟阶段,而是欲望的
一种"永远充满潜质的当下"的状态,有待从愚笨的习俗和强制性
规范对各种行为施加的折磨中获得恢复。就像坚实性平面自身一
样,这时候,无器官的身体遭受各种层化的侵袭,既有有机的("本
能",有机体)也有异质成形的(文化的和制度性的规范,神经性的
习惯等)。无器官的身体是持续发生的层化与去层化之间的争斗
场所,规范化与自由试验、自治之间的争斗的场所。

　　伦理学的问题因而变成:我们如何才能实现无器官的身体的
潜能,我们如何才能去层化? 我们怎么才能挣脱有机体的巨型层,
挣脱表意与解释的巨型层,挣脱主体化与征服的巨型层? 答案,简
言之,就是:审慎(cautiously)。出发点是无器官的身体不停地摇
摆在

99

1　参见《资本主义与精神分裂(卷二):千高原》,第 216-217 页,姜宇辉译,上海书
　店出版社,2010 年 12 月。——译者注

层化的表面和解放它的(坚实性)平面之间。以一种过于猛烈的行动解放它,毫无戒备地将层击毁,而不是去划出平面,你只会自寻死路,坠入黑洞,甚至卷入灾难之中。最糟糕的并不是停留在被层化的状态——被组织、被表意、被征服,而是:将层投入一种自杀性的崩溃或狂乱之中,因为这会使得层,以空前的沉重的方式,重新落在我们身上。因此,应该这么做:将自身置于一个层之上,利用它所提供的机会进行试验,在这个层上找到一个有利的场所,找到潜在的解域运动,可能的逃逸线,去试验它们,确保各处都有流的结合(flow conjunctions),一个节段一个节段地试验各种强度构成的连续体,时时刻刻都保有一小片新地界。正是通过与层之间的一种审慎的关系,我们才成功地释放出逃逸线,使结合之流得以传布并逃逸,为了一个无器官的身体带来连续的强度。[…]

审慎是何等的必要,剂量的艺术,因为过量便是危险。你不是挥动大锤,而是运用一把极为精细的锉刀。你制造出的自毁与死亡冲动毫不相干。瓦解有机体,绝非是自杀,而是将身体向以下事物开放:以一整套装配为前提的连接,流通循环,结合,各层与各分水岭,强度的流通与分布,以土地勘测员的手艺度量出的辖域与解域。

(160)[1]

德勒兹与加塔利现在已经意识到无器官的身体所固有的危险(不像他们在《反俄狄浦斯》中对无器官的身体的无节制的热捧),所以多加小心谨慎是非常必要的。审慎而又富有成效的去层化是伦理之理想,然而,过于迅猛或疯狂的去层化的危险始终存在——过量

1　参见《资本主义与精神分裂(卷二):千高原》,第 222 页,姜宇辉译,上海书店出版社,2010 年 12 月。——译者注

的危险,不论是在字面意义上(在药物方面过量),还是在其比喻意义上(在过度去层化方面过量)。但也有一些属于层本身的无器官的身体,它们失控地增殖并以毁灭告终,比如癌症、通货膨胀和法西斯主义。德勒兹与加塔利总结到,对于欲望而言,伦理的挑战在于"区分隶属于层的增殖[癌症式的无器官的身体]抑或是过分剧烈的去层化[过量]和隶属于建构坚实性平面的无器官的身体"(165),在此,当你进入一条与世界即兴共奏的旋律线,你的无器官的身体便能与其他无器官的身体以富有成效的方式交汇或融合。

"三则短篇小说,或'发生了什么?'"

"短篇小说"高原出人意料地以一种跑题的方式开始,谈起文学流派理论来,它根据"发生了什么?"这个问题来界定短篇小说,与故事截然不同,故事会提出并回答的问题是"将要发生什么?"。这问题与伦理学问题密切相关,因为它试图解释那些无形的变化,它们刚发生的时候是无法察觉的,但通过细致揣摩受那些变化的反射影响的(或许可称为)"生命线条",它们便可能成为可见的。德勒兹与加塔利提醒道,"因为我们就是由线条构成的,生命线条、幸运之线条以及厄运之线条……"(194),诸如此类。可能发生了什么,必定发生了什么,才使得生命的进程如此这般地被改变了。通过对亨利·詹姆斯,弗朗西斯·斯科特·菲茨杰拉德和彼埃蕾特·弗勒蒂奥(Pierrette Fleutiaux)的三则短篇进行简短的分析,德勒兹与加塔利向我们展示了无器官的身体上的层化与去层化之间的较量如何能够在此幻化为有关线条的一系列问题,如此便将早前的"无器官的身体"高原与紧随其后的"微观政治与节段性"高原紧密关联起来,这一高原,正如我们在下一章节将会看到的,也是专注于线条问题的,只不过它将在一个政治的而不是伦理的框架中展开。在此,线条用来诊断或理解生命,无论是小说人物的生命,作家的生命,亦或是普通凡人的生命。

101   经过对这三则短篇的分析,德勒兹与加塔利认为我们的生命是由三种基本线条构成:"精确(僵化)而明晰的分割线;柔韧的分子态的分割线;以及抽象的逃逸线"(197)。精确(僵化)划分的线条勾画出的是我们生命的主要组成:我们在哪儿工作,职责为何(职业和行业及其专门的迭奏);我们在哪儿生活,与谁一同生活;不论我们是男人或女人,已婚或单身,成年或孩童,不一而足。在这条线上,标记着重要生命变化的节段之间的断裂是非常明确的:第一次离家,结婚或离婚,接受一份新工作,如此等等。然而,在这条清晰界分出节段的精确线条的下面还有另外一条线,一条柔韧的分子态的分割线,在此,无法察觉的微观变化不断地发生,向各个方向展开,一些变化有时还会引发重要的人生转变:此时我们会问,在分子态的分割线上到底发生了什么,竟会引发如此重大的转变?(正如德勒兹与加塔利已在他们论卡夫卡的书中所展示的,卡夫卡就是精确线和柔韧线的最了不起的绘图人之一;他们还援引另一个文学作家,娜塔丽·萨洛特,通过她的作品,我们看到微观逻辑的"亚对话"(subconversation)的柔韧线是怎样与宏观逻辑对话人物共存并包藏其中,两者相伴而行。[196-7])然后,便是第三种线条,逃逸线或绝对的断裂,它们跨过了航线临界点,无法再回头,它们改变一切,如此彻底地改变了生命,使之无法辨识:"在静止不动的旅程中,我们变得无法察觉。什么也不再发生,什么也没发生过"(199)。当然,这三种线条总是彼此关联,以混合的方式运作。正如无器官的身体最终表现为一种介于层化之力与去层化之力之间的至关重要的模棱,线条的共存同样如此:"柔韧线总是陷入其他两种线条之间,准备着倾向一边或另一边;这便是其模棱所在"(205)。

明确了这种共存的关系,我们却仍然需要指出每一种线条固有的危机。显然,精确分割线的问题是墨守成规和淤结停滞。但柔韧的分割线上也有重现精确分割线所遭遇之问题的危险,在这些问题中,德勒兹与加塔利提到了"微型-俄狄浦斯,权力的微型构成,[以及]微型法西斯"(205)。与此同时,绝对分裂之线条的风险则在于过量和陷入虚空——德勒兹与加塔利不禁要问,为何那么多的文学作品中,这种最有前途的线条总是"充满了那种异乎寻常的绝望,而不是它传达的快乐"(205)。因为原则上说来,逃逸线会引发绝对的解域运动,在理想情况下,这会使人人都生成一切,或者为每个人创造他们的"生成-万物"(或创造属于每个人的"生成-万物")(faire de tout-le-monde un devenir[F244])(E200)。或许,德勒兹与加塔利会注意到众多伟大作家的绝望,是因为这些作家一方面企图为每个人创造一种生成-万物;另一方面却又聚焦于个体生命与文学创作或伦理考量,而这两方面却并不协调或并不相匹配。这个"不相匹配"的概念显然无法令德勒兹与加塔利满意:他们强调,对于这三种线条(我们是由它们组成的)所采取的精神分裂分析的进路"直接就是实践与政治的","而它使我们注意到的线条,既可以是生命的线条,也可以是一部文学作品或艺术作品的线条,或一个社会的线条,全在于所选的关联系统"(203-4)。无论如何,我会在下一章节,与政治坐标系的关联中重谈所有人的"生成-万物"。然而,作为准备工作,我将转向"生成"高原,以期进一步考察生成概念本身。

"生成-强度,生成-动物,生成(变得)-无法感知"

"生成"高原是全书最长的一章(比"游牧学"高原还要略长一些),与"地质学"高原一样,"生成"高原也是精心布局的——这次则仿佛是一系列回忆录,一个"电影爱好者"的回忆录,一个"博物学家"的回忆录,一个"柏格森主义者"的回忆录,一个"巫师"的回忆录,不一而足。确实如此,第一则回忆录,"一个电影爱好者的回忆",便以"我想起那部杰出的电影《鼠魔侠》(Willard)"(233)开场,它看上去像是停靠在一个特定主体的记忆之上(是德勒兹的记忆吗? 是加塔利的? 或某个匿名的虚构人物? ——我们不得而知)。然而,就在宣称他/他们/无论谁"将讲述故事的梗概"之后,

103　这个主体-叙述者就承认自己的叙述并不可靠("我关于它的记忆并不一定准确"[233])——如此一来,叙述者的权威性便成问题了,就如同"地质学"高原中的查林杰教授一样。这个权威性也几乎不会因为在高原后续部分叙述者自称"我们巫师"(239)并将我们当成"巫师同行"(241)而变得更可信。而且,随着回忆系列的展开,系列的副标题中的介词"……的"(of)的意思也变得越来越歧义丛生:在第一节"一个电影爱好者的回忆"中,回忆似乎并无歧义地被归于那个回忆的主体,某个回忆自己看过某部电影的人;然而,在后续部分,比如在"一个'此性'(Haecceity)的回忆"以及"一个分子的回忆"中,"此性"和"分子"看上去更像是回忆的对象而不是回忆的主体;它们所指示的似乎是正被回忆的对象,而不是进行回忆的能动者(agent)。如果地球都能思考(正如"地质学"高原的标题所示),分子为何就不能思考呢? 在高原的后续部分,这个回忆的主体与对象之间的混淆(毫无疑问是有意为之的)得到确认并变得更加复杂,此时,德勒兹与加塔利明确将"生成"(becomings)(正是此高原的主题)与回忆区分开来,甚至认为"'生成'是一种'对记忆的抗拒'(anti-memory)"! ——在这一点上,他们突然改变主意,回溯之前所言并声称"之前我们所有说到'回忆'这个词的地方,我们都犯错了;我们实际想说的是'生成',我们说的是生成"(294)。(这个变化是否与线性的过去演变为潜在的领域相一致呢?)在导论性的"根茎"高原的结尾,他们推崇的是要"拥有短时观念"(have short-term ideas)(25):这是否就是最长的高原

被分割为一系列短小章节的原因呢？可是，在距高原结束前十五页处，他们要求我们在精神上返回过去、用"生成"取代之前六十页中的"回忆"又是什么意思呢？长时记忆是一条系在一个主体和一个特定的过去的点之间的精确线；短时记忆则是根茎式的：这对我们理解高原的开篇语"我想起来……"又有什么启示呢？整座高原的节奏是否恰好表达了柔韧线的模棱，摇摆在树与根茎之间，摇摆在长时记忆和短时记忆之间，回忆与生成之间，层化与去层化之间？最重要的是，为什么生成最初被界定为一种对记忆的抗拒？

各种生成的线条

精神分裂分析已经提议，要以一套即兴与未来试验并改善未来的程序，取代精神分析的那套回忆过去并诠释过去的程序（一种追溯既往病史的程序）。"用遗忘取代记忆（anamnesis）"便是它的口号："试验[取代]诠释。发现你的无器官的身体"（151）。无器官的身体就是生成发生的场所与时刻，生成将逃逸线从精确分界线中抽离出来，将其导向欲望的坚实性平面。提出那个伦理学问题（"怎样使自己成为无器官的身体？"）的一种方式就是：怎样才能划出这样的线条（逃逸线）？德勒兹与加塔利的布局图是这样的：长时记忆是树形的，它在两个时间点之间划出一条线：一个点在现在，另一个点在过去。类似地，幻想是在无意识中的两个相邻点之间划出一条线。相反，生成之线——如同一只飞行的箭矢，不再受制于射手的意图为它设定的起始点，也不再受制于靶向标定的弹着点——

> ……不是经由它所连接的点来界定……相反，它从点与点之间穿过，它从中途（middle）出现，向垂直于最初被感知到的点的方向运动，横贯其与毗邻的点或远处的点之间的可定

位的关系。一个点总是一个起始点。但一条生成线却是无始
无终的,既不出发也不抵达,没有起点也没有终点……生成之
线只有中间(中途)。

(293)

生成之线只有中途,只有"一个界"(un milieu),它来自于"其中"
(au milieu),在它所越过的点之间。生成所关涉的并不是一种对立
关系——主体/客体——也不是一种模仿的关系——主体/主体,
而是"主体"与生成的"媒介"(medium)之间的一种不对称的联合。
生成之线并不将一者与另一者相连,它也并不源起于其中之一:它
产生于两者之间并弃之而去。这并不是模仿,而是已然存在的潜
在的潜能在生成的主体中的实现,而生成则是由生成的媒介中的
分子态元素以感染的方式促发的。因此在那个著名的男人的生成-
女人的例子里,男人作为生成的主体,从主流(多数派)中退出,与
此同时,女人作为生成的媒介的特质从非主流(少数派)中分离出
来。显然,这个男人并不是真的变成"一个"女人;他也并不是在模
仿"那个"摩尔态的女人:这个男人通过整合一个从少数派(非主
流)的女性那里提取出的元素,而变成不同于主流(多数派)男性的
某种东西(something-other-than majoritarian-male)。同样地,生
成-动物并不是要"和动物相似或相像……[而是]要生产出分子态
的动物('真正'的动物则被困在它的摩尔形态及其主体性之中)"
(275)。"除了主流(多数派)形态的一个解域了的变量,生成并没
有其主体",德勒兹与加塔利解释道,"除了非主流(少数派)形态的
一个解域了的变量,生成也并没有其媒介"(292)。在生成-女人的
例子中,显然,被严格按两性性别划分(造成一个摩尔态的二元对
立)的人类生活形态所共有的一整套分子态行为和情感中的元素,
可以在生成-女人的过程中被重新划分并分配。胡蜂与兰花的双重

生成在某些方面则远为更加引人注目：它们并不共享任何遗传物质，但是，通过捕捉对方行为或形态集合中的一个元素，双方都成为"生成对方"（becoming-the-other）的主体，各自成为对方的生成的媒介。举例说来，人与狼之间的生成-动物就发生在居间的某处：无论我们之间可能共享了多少遗传物质或哺乳动物的"本能"，有一些行为和社会结构的元素在我们和它们之间交换——包括作为"物种内社会组织问题"的"解决之道"的角色专门化与集群行为（pack behaviors）。

　　"生成"高原正是以生成-动物开篇，然后才发展到生成-女人，生成（变得）-无法感知，最后到人人-生成-一切/万物（everybody-becoming-everything）。与"狼群"高原和"根茎"高原相呼应，生成-动物只与猎群动物相关。没有生成-畜群也没有生成-男人的原因或许是同一个（我立刻就会对之进行考察）；或许畜群行为已经蕴含在国家形态的"物种内社会组织"之中了。无论如何，德勒兹与加塔利都坚持认为："如果不着迷于猎群、不着迷于多重性，我们是不会生成-动物的"（239-240）。问题并不在于哪些动物"天生"就是猎群动物而哪些则不是：一只落单的动物也可能表达出集群（猎群）多重性的吸引力，通过首先充当人类生成-动物的媒介来吸引人类的生成-动物。德勒兹与加塔利强调，"每一个动物从根本上说都是一个……集群（pack）"（239）。如果说生成-动物令我们为之着迷，这是因为集群（猎群）-多重性总是通过传染而不是血统谱系来运作的。家庭、物种和国家总是尽其所能地内化其线性的或直系嫡传的进程以期永续不绝，相反，生成则总是在其侧旁运行，总是必须一再地重新开始。兰花与胡蜂对彼此的生存而言都是至关重要的，但却并没有兰花-胡蜂的杂交物种。德勒兹与加塔利强调，集群-多重性"形成、发展，并被传染所改变"（242），而且，正是这一特点使集群-多重性成为生成-动物的重要媒介。所以，一切生成,——生成-动物,生成-女人等——都关涉多重性,而且事实上,多重性自身总是依据其生成或逃逸线,经由一个多重性向另一个多重性敞开(或发芽从而通过加入另一块区域或引入另一个维度来改变这个多重性自身)的那部分边界所界定。德勒兹与加塔利把多重性的这些最容易发生生成的边界区段说成是"反常的"(anomalous),也正是这些反常的区域集聚了最强的变化的潜质。

如果一个多重性发展出一个或多或少连续一贯的变化节奏,重复地在相同的方向上或相近的趋势或趋向上发芽,就会形成一条逃逸线,形成德勒兹与加塔利(颇具启发地)所说的"纤维"(fiber),"一连串的边界、诸边界构成的一条连续的线(纤维),循着它,多重性发生变化"(249)。这些生成的纤维,在合宜的条件下,又会与其他的生成纤维相互交错、重叠、纠缠在一起,在这个过程中,它们划出一个坚实性平面,这坚实性正是毡制品的根茎的坚实性和即兴爵士的坚实性。之前,我将坚实性平面定义为所有潜在之潜能的集聚,然而,它同样也可以被恰切地定义为所有可能的生成纤维、所有可能的逃逸线的集聚或它们所构成的拼布。伦理上的义务则是敞开自己以投身于与这些生成之线的试验之中,随着一段旋律线离开家,与世界即兴相处、与之共建网络。

107　　按照斯宾诺莎的做法,德勒兹与加塔利根据"情状"(affects)、根据一个身体所具有的行动的力,以及被其他身体和行动所触动的能力,来评估伦理试验的潜质与结果。从德勒兹与加塔利的伦理观(与德国动物行为学家冯·尤克斯奎尔相同)出发,他们解释道,"一匹赛马与一匹驮马之间的差异要大过一匹驮马与一头牛之间的差异"(257),因为驮马和牛共有某些作用与被作用的能力,这些能力却并不为赛马所有。更为重要的是,身体就是根据它们与其他身体相互作用的能力来定义的:

除非我们知道身体能有何为,换言之,它的情状是怎样的,它们怎样才能(或怎样无法)进入与其他情状的组成之中,或是毁灭那个身体,或是被它毁灭,或与之交换行动[1]与情感[2],或与之融合形成更强力的身体,否则我们便对身体一无所知。

(257)

因此,与生成的反常边界所进行的试验能帮我们确定,在我们现有的装配上增加一个特定的维度——也即进入一个特定的生成之中或进入与另一个装配交互的双重生成之中——是否会提升我们行动力和/或是否乐享被其他装配触动。如果它提升了,这个试验在伦理上便是成功的。否则,我们便中止这个试验,转而去别处用其他方式进行试验。

一个分子态元素就是从一个非主流主体的媒介中以感染的方式出现的,所以它便可以摆脱主流化的、摩尔态主体,在此意义上,所有的生成都是分子态的。然而,考虑到——相对于某种可以归为标准的成年"白人男性"的"属人的-男性中心主义"(humanist-androcentric)的观点——动物、女人和女孩被看作是生命的"较低等"形态,在过剩的潜在生成中,生成-动物、生成-女人以及生成-女孩就具有头等重要的地位。生成是这样一种运动,它总是弃摩尔态而去往分子态,从主流转向非主流,弃压迫者而转向被压迫者。所以,如果"所有生成都始于生成-女人或经由生成-女人而实现"(277),这首先是因为"男人"占据着至上的权力位置且代表着标准的规范,所有差异皆据此而被度量。

为什么有如此多的男人的生成,却没有生成-男人呢?首　108
先,因为男人是主流的最好的代表,而生成则是非主流化的;

1　主动。——译者注
2　被动。——译者注

所有的生成都是生成-非主流。当我们说到主流时,并不是指一个相对更大的量,而是指对一个状态或标准的确定,根据这个标准,更大的量以及最小的量才被界定为非主流:白人-男性,成年-男性,等等。主流意味着一种支配的状态,而不是相反……可能恰恰是女人所具有的这种相对于男性-标准的特殊地位解释了为什么生成、以非主流形态存在,总是经由生成-女人而实现。

(291)

如果说生成-女孩拥有和生成-女人几乎同等重要的地位,这主要是因为伦理义务的考量:既然成人(being adult)是标准规范的一部分,成年人就须得生成-小孩。这里我们再次遭遇回忆与生成之间的范畴差异,因为生成-小孩并不是说要倒退回某人的童年——哪怕是作为一个心理治疗的阶段。生成-小孩与回忆、意识或无意识都毫无干系。("这将是童年",弗吉尼亚·伍尔夫写道,"但它绝不是我的童年"[294]。)生成-小孩更像是生成-幼狼:它是要获取这样一套行为,其中绝大部分的行为已经在抵达成熟(摩尔态)的成年期的过程中被筛选掉或被压抑下去了。它是要恢复一种"多形态的反常",我们将这种"多形态的反常"理解为与生殖甚或是"性活动"并没有必然关联的一套愉悦的方式。正是在此意义上,德勒兹与加塔利强调,"小孩并不生成(become)成人,就像女孩并不生成(become)女人;每一种性别的生成-女人就是女孩,正如每一个年纪的生成-年轻就是小孩"(277)。当然,女孩会长大变成女人,但这并不是生成:这只是一个寻常过程,经由这个过程,女孩的分子态多重性让位于摩尔态的成熟,尤其是因为女孩的某些身体的能力(情状)被捕获并用于"合乎异性恋规范"(hetero-normative)的生殖——"他们从我们这儿盗取这些身体的能力以制造出可相互成对接驳的(opposable)有机体"(276)。如果"即使"女人也必须生成-女人、生成-女孩,那么,她们也是以摩尔态女人之身来生成,以期摆脱摩尔态成年期和女性成年期,并重获她们的分子性,就像男性也需要通过生成-女人以摆脱他们的摩尔态处境并重获分子性一样。

　　生成-女人之所以如此重要(对所有人而言,但尤其是对男人而言)的另一个原因是,伦理最终是事关欲望而不是服从,事关你想干什么而不是你必须干什么——或者如斯宾诺莎会说的,事关你"会"(would)真正想做什么,如果你已经完全了解做或不做这件事的原因和后果。生成-女人是如此重要,因为它将我们从摩尔态-二元化的性别系统中释放出来(德勒兹与加塔利补充说道,"每个性别内部的双性恋化的组织"也几乎无法带来任何改善)。而性活动则是一个事关多重性与生成的问题:

> 　　性活动启用了大量不同的成对的生成[要么属于二元化的性别系统,要么属于每个性别内部的双性化系统];这些[生成]就像 n 种性别、就像一整架战争-机器,爱情从中穿行而过……性活动就是去生产出成千上万种性别,它们都是无法管束的生成。

> (278-9)

性的生成因而总是发生"于其中"(in-between/au milieu),发生于一个同时将每一个伴侣去人格化并使彼此(在对方之中并经由对方而)重获其潜在的分子态多重性的双重-生成的过程之中(各方都同时既是生成的主体又是生成的媒介)。生成-女人之所以最为重要,仍然是因为它要从被捕获的摩尔态的精确分割线中将分子态的线条释放出来——在这个意义上,"作为摩尔态实体的女人必须生成-女人"(275)并就此以女人自身的名义创造出一个分子态的女人,对于男人的生成-女人而言,也同样是如此。

　　至关重要的是,这并不是说女人就彻底摒弃了她们的摩尔态的位置。德勒兹与加塔利明确表示,"女人必须采取一种摩尔态的政治策略,以期赢回她们自己的有机体,她们自己的历史,她们自己的主体性"(276)。但与此同时,他们又说,"有必要设想一种分子态女人的政治策略潜入摩尔态的对抗之中,在对抗的下面经过或从中穿过"(276)。(这儿,我们再次想起卡夫卡,这个了不起的绘图者,他绘制出那个在明面上宏观权力组织图下方运行着的分子态政治策略的根茎网络。)少数派(非主流)和生成-少数派(非主流)的情况也同样是如此。即使像黑人这样的少数派,他们显然是属于"少数族裔"(in the minority)的,但在"生成少数派(非主流)"与"'属于少数派'或'是少数派'"(being-in-a-minority or being-a-minority)之间,还是有极为重要的分别的。如果"连女人都必须生成-女人",那么"黑人,正如黑豹党所说,也必须生成-黑人"(291,译文有所改动)。一种情况是在"属于(是)少数派(非主流)"的摩尔状态下进行再辖域;而另一种情况则是,分子态的变化既作用于多数派(主流)也作用于少数派(非主流),唯愿其能产生对各方来说都是积极的效果。这并不是说我们应该放弃为少数族裔追求充分的权利,也不是要放弃为女性追求其权益,相反,是提醒我们,对于这样的追求来说,永远有一个分子态的生成-少数派(非主流)与之相随或潜藏其中。下一个章节,我会在与政治的关联中重回这个二元关系。

生成(变得)-无法感知与此性

然而此刻,我们有必要思考一下目前已经讨论过的各种不同的生成之间的关系。因为,一系列的强度不断攀升的生成——生成-女人、生成-女孩、生成-动物、生成-分子态——若推向极致,则有终极的生成:生成-无法感知。德勒兹与加塔利说道,"可以为生成的各个节段建立一种秩序并设立明确的进阶等级,我们便得以从中发现自己:生成-女人、生成-小孩;生成-动物、生成-植物、生成-矿物;生成-分子态(各种)、生成-粒子"(272)。但"它们都将奔向何处呢?"德勒兹与加塔利问道:"毫无疑问,奔向生成(变得)-无法感知。无法感知是生成的内在目的,是它的宇宙表达式"(279)。正如我们所看到的,生成之线、逃逸线、无器官身体的去层化趋势——所有这一切都弃组织性平面、奔赴坚实性平面而去。这种解域运动是内在于(作为差异-引擎的)混沌系的(尽管混沌系当然也会伴有再辖域、固结和层化的时刻)。组织性平面包括所有的层与巨型层,包括(一旦我们抵达有机巨型层和异质成形巨型层)有机体的组织、表意的组织以及主体化的组织。逃逸线与生成则将这些层都从组织性平面引开,将摩尔态存在从平面上剥离,将这些层引向"(无器官的)无法感知、(无表意的)无法辨识和(无主体的)无人格"(279)。此为坚实性平面的一个面向,诚如我已经说过的,坚实性平面被所有潜在的潜能所占据,被构成混沌系的所有潜在的生成所占据,被此混沌系(与其"常量")的坚实性所能引发的一切可能所占据。但与此同时,或者更确切地说,在一个完全不同的时间里,那个德勒兹与加塔利称作"Aeon"的时间里(与"Chronos"[1]或

111

1　德勒兹以自己的方式重新恢复了斯多葛派对 Aeon/Aiôn/Aïon(伊恩)与 Chronos(柯罗诺斯)这一组时间概念之间的区分。Chronos 就是我们一般所说的线性的、历时的、有间隔的、按过去-现在然后才将来的秩序展开的时间,这也几乎就是希腊神话中的 Chronos 神的名字的原义——时间、命运。在德勒兹的论域中,Chronos 主要被置于时间的"现实"(actual)的维度,一个个的已经被"现实化的"(actualized)当下不断流逝、成为过去,而将来又不断地到来、成为新的当下。Aeon 在德勒兹这里则意指某种纯粹的当下的"超时间性"(extratemporality),它属于"潜在"(virtual)的维度。简单来说,如果一个"现实化了的当下"(actualized present)总是要通过与其外部的、同样被现实化了的过去与将来之间的关系来获得一种具有"历时深度"(chronological depth)的时间性界定,那么"潜在的当下"(virtual present)则是纯粹内在地由其自身来获得界定:它总是处在"已经过去"和"还未到来"之间的那个尚未产生时间深度(即还未现实化出过去、现在和将来的线性时间)的平面上。如果说,Chronos 的时间是一种物质与身体的历时时间;那么 Aeon 则是"生成"(becoming)与"事件"(event)的时间,一种永恒的未完成的时间。另一个常常与 Chronos 和 Aeon 一并出现的古希腊时间概念 Kairos,在德勒兹的这个问题域中则并未涉及。——译者注

有先后历时秩序的时间相对)——坚实性平面内在地被"此性"（haecceities）所占据。"此性"构成了相关差异的绝对零度：这儿和那儿与这儿和……；这个和那个与这个和……每一个"此性"指示一个纯粹的"这儿-此处-现在"（this-here-now）。它们因此无法界定，而只能通过实例来描述：

> 有一种与人、与主体、与事物或实体的个体化极为不同的个体化形式。我们为它保留"此性"这个名字。一个季节、一个冬天、一个夏天、一个小时、一个日子……它们都各有自己完善的个体性，完整无缺，即使这种个体性与一个事物或一个主体的个体性不同……在夏洛蒂·勃朗特（Charlotte Brontë）那儿，一切都随风、随物、随人、随面孔、随爱、随言辞而定。洛尔迦（Lorca）的"下午五点钟"，此时，爱沉沦而法西斯主义兴起。这可怕的下午五点！我们会用"这是怎样的一个故事啊！""这酷热啊！""这人生啊！"来指涉一个非常独特的个体化。在劳伦斯（Lawrence）、在福克纳（Faulkner）笔下的一天中的那些时辰。
>
> （261）

组织性平面(除了其他事物以外)由各种形式和主体所占据，而坚实性平面的这个维度则仅仅由"此性"组成，后者又由元素或粒子、速度和情状构成。事实上，当坚实性平面的一维由伦理与政治的逃逸线以及趋向这一方的生成所勾画出来时，它的另一维则完全根据经度（longitudes）和纬度（latitudes）来绘制：组成身体的各元素以及它们的相对速度（经度），它们作用以及被作用、触动以及被触动的能力（纬度）。生成-分子态之所以能引领我们达到生成-无法感知，是因为在所有生成-分子态的"内在目的"之下或之外，或者就在这内在目的之中（作为内在目的自身），就是宇

112

宙和微粒——一个由尚未具有任何形式与功能的微粒与尚未获得速率与方向的运动所构成的混沌系。在极致的意义上看来，"此性"作为坚实性平面的这一维度，构成了所有分子态生成的媒介，而所有生成的主体则通过脱离摩尔态的存在以及组织性平面上的层而涌现出来。

"此性"不仅组成了坚实性平面的内容的形式，它同时也具有一个相应的表达形式："不定冠词＋专名＋不定式动词，从一种使自身摆脱了形式表意（formal significations）和人格主体化（personal subjectivications）的符号学观点看来，它构成的基本表达链，关涉的是形式化程度最低的内容"（263）。专名并不是指个体的主体，而是指事件（比如一些飓风的名字或一些战役的名字）；而且，"专名不是时态（动词）的主语，而是不定式动词（动词原形）的施动者（agent）"（264）。不定式动词指示潜在的行动或是在平滑的非脉冲的、无度量的"Aeon"时间里的事件，而不把它们归于（语法的或个人的）主体、不把它们置于"Chronos"的线性时间框架中。对不定代词和不定冠词的使用，最终使施动者与一个特定主体相分离，进而将它迁入一个陈述的集体装配之中（再举监狱（技术）-罪行（话语）复合体的例子，说"一个人"（one）便可以说是宣判了死刑），并将存在以非特定的、不可量化的实体集合的方式展布开来（"某个"人，"一些"犯人）。Aeonic 的事件的表达因而可以采纳这样的形式"胡蜂遇见兰花"（265）或"一些人占领"，这便将一个既定的"此性"充当生成媒介的潜质发挥到了极致。"［这样的］表达链的内容……可以被装配起来以应对最大数目的事件与生成"（265）。

问题于是变成，坚实性平面的这个维度上的"此性"的纯粹的内在性是如何促进所有生成的终极趋势，即生成-无法感知的。在此，与组织性平面进行一番比较仍然是有所助益的。因为组织性

113 平面总是把自己作为一个额外的维度(n+1)加于它所组织的形式
与主体之上:这些形式和主体看上去像是摩尔态的实体,而平面本
身却并非如此,它将形式与主体确定为摩尔态的存在。相反,在坚
实性平面上,没有独立于粒子本身的形式化的组织,没有独立于其
相对速度的速率与方向,没有与其能力相分离的特定的功能,没有
与其感知相分离的主体的欲望:在这种情况下,"平面使我们感知
到无法感知之物的同时,自身也被感知到"(267);我们抵达了这样
"一种对事物、思想和欲望的感知,在这种感知中,欲望、思想和事
物侵入了所有知觉:无法感知最终被感知到……在欲望和感知觉
融合起来的那一刻"(283),此时,欲望不再是匮乏什么,而是变得
与它所欲之物、与引发欲望之物无从区分。事物、思想和欲望必须
变得无法区分、无法识别,换言之,它是它们的存在被感知为"此
性"的组成成分的必要条件:对某个"这儿-此处-现在"的感知,而
不是对 b-作为-B-范畴的-一个-实例的感知,不是对时间线 t- t' 上的
t 时刻、笛卡尔坐标轴的纹理空间中的 x, y, z 确定的那一点上所发
生事件的感知。在这个意义上,生成-无法感知作为所有生成的极
限及其内在的目的,看上去正是游牧思想(所有哲学的极限及其终
极趋向)的关联项;因为,正如游牧之思的纯粹内在性,是在游牧之
思的速度和趋向与外部的速度和趋向精确关联之时,通过消除处
在它与外部之间的所有思想图像而获得的,生成-无法感知通过取
消处在我们的欲望和感知之间的所有组织形式、表意形式和主体
化形式而实现,从而使我们能踏上一段旋律线走出家门,与世界即
兴相处,并最终与世界融合。

作为所有生成的内在目的,生成-无法感知因而对于不可翻译
却极为重要的"人人-生成-万物"或"非主流化的所有人的生成-万
物"(devenir-tout-le-monde)至为关键。每一个被推向极致的生成,
在某个作为生成媒介的"此性"中将它的主体分解掉,从而使它在

由所有"此性"构成的世界中变得无法感知、无法辨识：

> 正是在此意义上，人人-生成-万物 [everybody-becoming- 　114
> everything / devenir-tout-le-monde]、使世界成为一个生成，就
> 是要制造一个或许多世界，换言之，要找到毗邻区域和无法识
> 别的区域……无法感知、无法识别和非人格化——三种美德。
> 将自己简化为一条抽象的线、一个特征，从而找到自己与其他
> 特征的无法识别区，就此进入……此性……这时一个人就像
> 草：它将世界、人人/万物都转化为一个生成……因为它把阻
> 碍我们潜入事物并在其间生长的一切都抑制在它自身之中。
> 它把一切都联合起来：不定冠词、不定式-生成以及专名……
>
> （280，译文有所改动）

如我们所见，所有生成都倾向或趋向坚实性平面。而生成-无法感
知作为生成的绝对极限，我现在可以说，它就是由"此性"组成的坚
实性平面的那一维：纯粹内在性与"所有人的生成-万物"。在此极
限处，在纯粹的去人格化的某个（或其他）"这儿-此处-现在"的愉
悦之中，伦理学与美学汇合并最终消融在美学中。伦理试验就发
生在我们踏上一段旋律线便时刻要离开的那个层、那个我们必定
总是栖居其中的层与作为所有生成的极限的"人人-生成-万物"之
间。而至关重要的"非主流化的所有人的生成-万物"的政治意涵
则是另一个问题——我会在下一章节谈及。最为重要的伦理准则
仍然是德勒兹与加塔利从尼采与斯宾诺莎那儿发展出来的：它始
终是关于一个既定的生成能否增益我们行动的能力、能否增益我
们在触动与被触动时的愉悦的问题。所以，行动起来吧：男人，生
成-女人吧！所有人，生成-万物吧！

115　政治学

问题　德勒兹与加塔利常常把《千高原》描绘为一本探讨政治哲学的书，政治哲学也是我在之前章节中反复触及的主题，这些在其他诸领域展开的哲学探索的最终目的是使外部世界更易于发生有益的变化。本节将直接处理政治学问题，我们要如何把人类生命形态理解为社会性的自我组织，才能使它既能解释畜群行为又能解释集群（猎群）行为，既能解释压抑的专制暴政又能解释外向扩张的经济帝国主义，既能解释严苛层化的约束又能解释去层化的逃逸？

主要资源　最直接相关的高原显然是"微观政治与节段性"高原，但"游牧学"高原和"捕获"高原在绘制政治斗争的版图、锁定主要对手并勘测可用资源方面都是非常重要的。

"微观政治与节段性"

"微观政治"高原以一番强有力的有关政治人类学的论断开篇，高原终了则建立了一套对政治学与伦理学（显然在"短篇小说"高原中）都十分重要的"线条"的类型学。政治人类学是由一个基本的二分法来结构的：被称作"节段的"或无国家的（无头的）社会与政治的或国家中心的社会之间的二分。德勒兹与加塔利拒斥这种二分法：所有的社会无论如何都是具有节段的。重要的区分在于两种不同形式的节段性：柔韧的节段性与精确的（僵化的）节段性。原始的辖域社会呈现出的是柔韧的或分子态的节段性，它的"特征是多义编码（polyvocal code），而多义编码的基础则是血统，以及各血统的不同情境与关系和以局部的、重叠的分区为基础的

流动的辖域性。编码与辖域、宗族血统与部落辖域就构成了相对
柔韧的节段性的结构"(209)。而且,在原始社会内部,是"部落辖
域系统和宗族血统系统这两种成分之间的区分阻止了[精确僵化
的节段之间的]共振"(212),而这一共振则是国家中心的社会的典
型特征。然后,德勒兹与加塔利又补充了全新的内容:每一种节段
性的模式都有三种不同的形态:二元化的、环形的和线性的。

116

节段性

通过对颜貌机器的考察,我们已经熟悉二元节段化的国家形
态了。国家或摩尔态的节段化本质上就是二元的,如我们所见,通
过双重单义化(男人对女人,富裕对贫穷)和二元化(黑或白,若都
不是,那会是什么肤色;成年或未成年,如果都不是,那会是什么年
纪;如此等等)来进行运转。相反,原始社会的节段化所带来的二
元对立,只是应更大范围的运转而生的一个副产品而已——比如
一个涉及部落内部至少三个宗族的复杂的交换最终以一场婚配
(男人/女人)作结(210)。在相近的意义上,原始社会中的环形节
段性则涉及一些具有不同中心的领域:比如物品交换、信息交换、
交换女人以及交换神话,每一种交换都发生在它自己的(特定的)
社会生活节段中,尽管这些节段之间可能会有相当的重叠,但相对
于其他节段,每个节段都保有相当程度的自治:它们彼此的中心始
终不同。(因此列维-斯特劳斯将这样的社会中的萨满的角色描述
为:在长远看来永不会彼此联合的不同节段之间,执行暂时的转译
和协商。)换一种方式表达这种区分:原始社会的节段性在形态上
是万物有灵论或多神论的,而国家节段性则是一神论的。这倒并
不是说国家社会的节段就更少:国家社会也有不同的领域,但现在
它们都是一些同心圆,它们的圆心在唯一的圆心上共振,围绕着中
心的专治面孔的黑洞共振:

中心化的国家不是通过废除环形节段来建构，而是通过不同圆环的同心性（concentricity）或者通过组织圆心之间的共振来建构的。原始社会中已经有许多权力中心；或者可以说，国家社会中仍然有着同样多的权力中心。然而，后者以共振装置的方式运转；它们组织共振，而前者则抑制共振。

(211)

117　线性节段性的国家形态最终是过度编码和空间纹理化的结果（"空间取代场所与辖域"[212]），其中每一个节段化都根据其自身的度量标准而被同质化，与此同时，变得可以与其他节段相比较并转化成所有其他标准化的（有规则的）节段（正如我们所见，这一切发生在"国家首领之面孔"[head-of-State's Face]的白墙上）。精确的节段由一个与其他节段中心并齐的测量中心所控制，而柔韧的节段线则自由地分叉，在任一边上萌芽、发展而不屈从于某个中心。

我们已经分析过一个柔韧节段线的例子：一个开放的多重性在同一个方向上反复地萌芽，便产生出一条逃逸线，形成一个纤维（249）。权力中心控制精确节段性的例子我们也考察过：物品的价格不是由毗邻部落通过物物交换或交易（barter or trade）来确定，而是由暴君高高在上通过比较来确定其相对价值。同样的抽象的权力机器的运作也可见于主流语言中，陈述和词语的使用是否妥当以及它们的意义都由高高在上的语法和词典来决定，而不是由活生生的对存在状态的表达和/或说话者之间顺畅的交流来决定。最终，也正是这个抽象的权力机器，它不通过自由市场中平等的交易伙伴之间的供给与需求的动态调节来进行商品估价，而是根据资本市场中凝结在商品中的劳动力来估价，如此一来，一个差异化的剩余便从劳动工资中通过不平等交换而被榨取出来，并以资本积累的名义被捕获。

提出柔韧节段性与精确节段性之间的这种新的区分之后，德勒兹与加塔利强调（特征鲜明地）这种区分是一种分析性的区分，并且所有社会实际上都是两者兼而有之的：

> 原始社会具有僵化和树形化的内核，这些内核既期盼国家的到来，又力图避开它。相反，我们的社会持续沉浸于一个柔顺的结构之中，没有这个结构，它们的那些僵化的节段将无法维系。我们不能将柔韧的节段性局限于原始社会中。它甚至也不是我们身上仍然残留的野蛮，而完全是一种现实的功能……所有社会、所有个体都同时被这两种节段性所渗透：一种是摩尔态的；另一种是分子态的。[比如]在原始人与我们之间，有构型上的差别，但两种节段性始终是互为前提的。简言之，一切都是政治性的，而每种政治都同时既是**宏观政治**又是**微观政治**。

（213）

因此，他们竭力避免对柔韧/僵化这一区分的可能的误解。首先，柔韧或分子态的节段并不一定优于僵硬的节段化：比如，法西斯主义，其柔韧的节段开始在宏观法西斯主义所共有的中心黑洞中共振之前，就在它的某个发展阶段呈现出柔韧的节段性。其次，分子态节段性并不是想象的、个人的或小规模的，而是真真实实的、是社会的："……尽管分子态节段性确实是具体而微地在小群组之中运作，但这并不是说它就不像摩尔态组织那样与整个社会领域共存"（215）。最后，分子态节段并不独立于摩尔态节段进行运转；它们总是协同运作，不论它们是彼此支撑、还是彼此关系紧张。因此，宏观水平的一个安全化的政策和计划，当它能与一种不安全的微观政治相结合的时候，才能充分运转并获得最广泛的默许。相反，正是 1960 年代法国宏观政治的超稳定性（hyper-stability）为

1968 年法国学生-工人抵抗运动的微观政治注入了能量。政治分析因而总是必须在两个层面上同时展开：一个社会可以经由它的矛盾关系而被界定（如马克思主义观点），但这仅仅只是在宏观政治层面；而在微观政治层面，一个社会被它的各种逃逸线所界定、被一切得以"摆脱（运转于摩尔层面的）二元组织、共振机器［和］过度编码机器"之物所界定（217）。两种界定必须始终协同运作。

流

根据柔韧-分子态线条与僵化-摩尔态线条间的关系界定了节段性之后，德勒兹与加塔利又通过与摩尔态节段线相对的量子流来分析分子态水平的情形。比如，将一定数额的美元作为价格与一种特定商品相匹配的僵化节段线，总是有一个金融-资本流与之相伴，它投资商品生产和工资支付从而使那个匹配成为可能。流与线条彼此互为前提："流及其量子只能根据节段线上的指标而被把握，反过来，线条及其指标能够存在则全倚仗流满布其中"（218）。然而，对它们的分析须得借助两种非常不同的方法。就此，德勒兹与加塔利将大家熟知的埃米尔·涂尔干对节段性表象的分析，与鲜为人知但却更加重要的另一位法国社会学家加布里埃尔·塔尔德对信念与欲望之流的分析两相对照。"表象……在线条上界定大规模［摩尔态］的总量；而在另一方面，信念和欲望则是被量子标记的流，被创造、被耗尽或被转化的流，被加于彼此之上、被去除或被合并的流"（219）。对于一个人或一群人来说，我们都可以并且也应该从这两方面进行考量。比如，阶级是摩尔态的，但民众是分子态的。一个政治策略甚至可以有两个极为不同的面向，全在于你是从摩尔态视角出发还是从分子态视角出发来考虑问题——甚至对于一场斗争而言，怎样才算胜利、怎样就算失败，都会因为所选角度的不同而截然不同。最为重要的或许是，流是以两种极为不同的方式彼此相互作用的：流与流之间的"连接"
（connection）会增益双方的力量（puissance），加速彼此共有的逃逸，
提高它们的能量子数目，而流与流之间的"结合"（conjugation）则
会对逃逸线实施再辖域，使两者都受控于对它们实施过度编码的
那个唯一的流（220）。这两种相互作用之间的差异对于政治策略
而言至关重要，在"捕获"高原的结尾，这个策略被描述为建构"革
命性的连接"（revolutionary connections）而不是"公理化的结合"
（conjugations of the axiomatic）（473）。

在直接处理权力问题之前，德勒兹与加塔利介绍了他们经由
对节段性这个人类学概念的转化而得到的三种线条与两种抽象机
器的格局。通过把原始社会节段性的柔韧线作为一个历史的对照
点（而不是一个目前的可行选项），他们把过度编码的国家节段性
的僵化线条所追逐的政治目的，与解码了的、解域了的逃逸线所动
员的战争机器的政治目的区分开来。这样便将一个过度编码的抽
象机器（它生产僵化线条、制造它们的中心共振、纹理化同质的空
间并在再辖域的国家装配中实现自身）与一个突变的抽象机器（它
通过解码和解域划出逃逸线、确保量子流的连接-创造、释放新的量
子并在他的逃逸线上建立战争机器或变形机器）并置起来。尽管
这两种抽象机器完全不同，但它们被认为是始终协同运转的，它们
持续地交涉，在任何一组线条上，都摇摆在分子态和摩尔态之间。

权力

权力与节段线相关，可根据三个区域对它作出界定。僵化线
条是围绕权力-中心而被组织的，权力-中心将它们同质化，使它们
能够彼此进行比较；这是权力的区域，国家在此激活进行过度编码
的摩尔态机器。值得注意的是，国家自身并不能被看作是一条线
或一个中心，它是一个装置（机器），充当任意数量的僵化线条的

"共振-室"(resonance-chamber)。国家自身并不是一个实质性的实
体(substantial entity),它维系其他实体间特定的相互作用方式,起
着刺激物或催化剂的作用,以促成那些实体的固结与扩增。权
力-中心组织出一条节段线的同时,对分子态关系的一套微逻辑
构造施加影响;这便是它的无法识别区:"不再是校长,而是班
长,是最优秀的学生,是那个劣等生,是看门人,不一而足……不
再有将军,只有尉官,军士和士兵……"(224-5)。在此,权力-中
心所施加的控制是各种各样的,逃逸线也正是从这个区域出发
的。最后,或许也是最重要的,权力的中心总是有一个无能的区
域,它们从量子流那儿获取力量,却从来无法支配或控制量子流。

121　从事过度编码的节段化机器的职能,就是尽可能地将量子流翻译
为僵化线条的节段,但它从未真正成功过:相较于国家机器实际
的捕获并进行过度编码的能力而言,量子流始终保有更多的潜在
可能性。比如,中央银行就代表金钱权力的区域,它发行货币并
使其生效;而无法识别区是以货币为媒介所实现的交易的集聚;
无能的区域则是大众充分享乐的欲望,其中只有一部分被捕获并
转化为商业交易。

　　在此高原的结尾,德勒兹与加塔利对波及他们所描述的政治
线的四种危险进行了评估。其中的两个危险显而易见:恐惧使我
们乐于接受最僵化的线条,权力则有规律地试图将突变-机器诱捕
进僵化分割的过度编码机器的陷阱之中。还有另一个危险,他们
称之为"明晰"(clarity),在此,柔韧线发生再辖域,创造出"微型-俄
狄浦斯"和"微型-法西斯主义"(即使当它们并不在发达的宏观法
西斯主义中共振时):

　　　　我们并没有强烈的病态的恐惧,而是陷入成千上万的偏
　　　执之中,陷入各种自明之理和各种"明晰"之中,它们从各个黑

洞中涌出,不再形成系统,而是形成喧哗与嘈杂,将随便什么
人委任为法官、审判者、警察、管理房屋住宅的区长。

(228)

最后,第四个危险是逃逸线自己可能腐坏变质、变成废毁之线,陷
入纯粹的毁灭之中;关于这一点,他们举例杀死爱人[1]并自杀的德
国作家海因里希·冯·克莱斯特,以及希特勒1945年所宣告的"如
若战败,愿德国随之毁灭"(If the war is lost, may the nation perish)
(71号电报,引用于第231页)。

"论游牧学——战争机器"(2)

《千高原》中,德勒兹与加塔利介绍了两种基本的人类"物种内
社会组织问题"的"解决之道"的形式:国家以及他们所说的战争-
机器。对于他们所描绘的"游牧"这种社会凝聚方式,"战争-机器"
是个有点奇怪的名字,因为,如我将会阐明的,游牧机器只在一些
极为特殊的情况下才会引发战争。事实上,他们自己有时也把战
争-机器叫作抽的突变机器,保罗·帕顿(Paul Patton)建议使用
"变形-机器"的说法作为一个更恰切的描述。无论如何,游牧战争-
机器或突变-机器和国家,是德勒兹与加塔利在整部《千高原》中所
描绘的人类的两种主要的"物种内社会组织问题"的"解决之道",
他们将"变形-战争-机器[与]同一性-国家-机器,伙群与王国"
(360-61)对照观之。如果说国家形态的社会组织确实在全书中获
得了最多的关注,那么游牧主义则正是在此"游牧学"高原中获得
了最全面的阐述。

总结一下目前所谈及的作为巨型层、作为机器的国家,我们已
经以如下方式对其特征作出了描述:

122

---

1 罹患癌症的亨丽埃特·沃格尔(Henriette Vogel)。——译者注

- 一种空间形式:纹理空间——伴有将所有空间纹理化的倾向
- 一种节段化的模式:僵化的节段性——伴有建立共振的权力中心的倾向
- 一种科学的形态:皇家科学——并对空间实施纹理化、对僵化的节段实施同质化
- 一种符号学:过度编码的符号学——常常与纹理化、僵硬的节段化协同运转

这时,德勒兹与加塔利补充说,有两种国家首领(head-of-State):魔术师-国王和法官-神父,粗暴可怖的专制君主与沉着而受规管的立法者;与之相应的是两种社会组织形式:以义务为基础的依附(bond)和以赞同(consent)为基础的契约(pact)。照例,它们被介绍为"应然"(de jure)的范畴,而实际上(实然[de facto])却总是表现为两种形式的此消彼长。最终,第三种国家-形态出现:它便是资本主义国家-形态,在此,国家不再充当一个超越的过度-编码的共振中心,而是变得屈从于资本。也就是说,社会组织的焦点不再是被神父们围绕着的"暴君面孔",而是被市场所围绕的资本自身。然而,即使是资本主义的国家,也仍然保有这两种基本国家-形态,依附与契约,并可以被看作是摇摆在两者的此消彼长之间。现在需要进一步解释的是游牧主义和战争-机器这两个概念,以及它们之间的关系。对于我们的理解而言,这两个词都可能造成相当的困扰——正如我所说,战争-机器其实并不总是引发战争,而游牧主义也并不首先关涉游牧民族;事实上它主要是来自于古希腊哲学,而不是游牧民本身。我将先介绍游牧主义这个概念,然后再来谈战争-机器的概念。

游牧主义

尽管在高原的标题里,游牧主义与战争的关系显而易见,但游牧主义的本质其实并不在于此。就战争-机器与游牧主义的关联而论,德勒兹与加塔利强调,(它们之所以相关)是"因为它本质上就是平滑空间的构成要素、对这个空间的占据、对这个空间中的位移以及与之相应的民族的构成"(417)。同样地,在"游牧学"高原的结尾,恰在谈到战争与游牧主义本身的补充关系时,他们强调,即使游牧民制造战争,他们也"仅仅是在同时也有其他创造(唯愿是新的非器官性的社会关系)的情况下(才会制造战争)"(423)。因此,游牧主义的最重要的、真正的目标并不是战争,而是一个占据平滑空间的独特的社会关系组成。所以,有必要探究一下,平滑空间中的这个非-器官性的游牧社会关系的组成到底对人类"物种内社会组织问题"的"解决之道"有何贡献,尤其考虑到它代表了不同于我们更为熟知的"国家式解决之道"的另一种选择。(如此一来,此高原最开始的几个"命题"中便有了德勒兹与加塔利所展开的如此这般的"证实"游牧主义之存在的语言。)

游牧民族是否总是组织为游牧的形式呢? 这其实是个毫不相干的问题:因为首先,德勒兹与加塔利的这个游牧主义概念,(如果不是更多地关涉希腊词 nomos,以及它与 polis 和 logos 的差异化关系[353,369-73,384-6])与 nomos 的关系和它与游牧民族本身的关系是同等重要的——因而,严格区分在一般意义上指涉"游牧主义"的形容词"游牧的"(nomad)和指涉"游牧民族"的名词"游牧民"(nomads)就非常重要了;其次,德勒兹与加塔利谈论更多的是游牧民如何占据平滑空间、如何在其中迁徙,而不是他们的社会关系的组成。因此,游牧科学、游牧运动、游牧游戏和游牧音乐的实例就变得十分重要,它们能为回答游牧社会领域之组成的问题提供洞见。

就此而言,德勒兹与加塔利关于科学的看法至关重要:"一种科学或科学观念会参与对社会领域的组织,而其参与方式,尤其是它所引发的某种社会分工,是科学本身的一部分"(368-9)。举例说来,音乐也可做如是观:一种音乐实践或一种音乐观念,参与到社会领域的构成及引发某种特定的社会分工的方式,就是音乐本身的一部分。正如德勒兹与加塔利区分石匠手艺人的坚实性平面与建筑师的坚实性平面,区分游牧科学与皇家科学,我也将根据同样的标准来区分游牧音乐、也即即兴爵士与皇家或古典音乐。简言之,三条基本标准如下:

1) 在游牧科学中,确实有一种技术上的劳动分工——对活动的区分、对职能的专门化——但却并没有政治上的劳动分工将某些职位或职能置于优越地位(比如建筑师优于石匠)。相反,皇家科学则将体力劳动拒之门外,而独尊脑力劳动,如此便在技术的劳动分工之上附加了一种政治性的劳动分工——等级制度、权力差别、社会声誉与工资酬劳都不同。

2) 与此同时,皇家科学还制定了一种"构想"(conception)与"实施"(execution)之间的分离。随着皇家科学的出现,手艺人这个集"构想"与"实施"于一身的阶层,让位于一种从事非技术性劳动的无产的工人阶级与一种独占知识和管控的科学阶级之间的对峙。"国家并不赋予脑力或概念创新者任何权力(pouvoir),相反,国家把他们变成一个不折不扣的附属的机构,其自治只是一个想象而已,但对于那些职责变得仅仅是复制或执行[颁布给他们的指令]的人,这便足以剥夺他们的一切权力了"。音乐的情况也是如此。在一个演奏古典音乐的交响乐团中,"构想"与"实施"是截然分开的:乐师们只是重现由天才-作曲家事先编创好的音乐进程,不仅如此,他们的演奏也是在乐队指挥的掌控之下进行。相反,在爵士即兴演奏中,"构想"与"实施"同时发生在同一组人员身上——他们在行进的过程中相互协调,这是一个创造性的巡回,而不是盲从的重复——也并不需要一个指挥。

3) 爵士即兴演奏完美地展示了游牧科学和一般游牧国家/游牧政治体(nomad body politic)的第三个标准——这个标准是德勒兹与加塔利从吉贝尔·西蒙东那儿适当改造而得的,它将游牧的组合与形式质料论的组织区分开来(555n. 33)。诚如我们所见,游牧音乐与游牧科学不是通过复制性的重复,而是通过创造性的巡回进行运转。不仅如此,它们对声音-物质、物理和生物等物质的独特性始终保持敏感。每一个音符都有一个独特的音调,因而为创作或即兴演奏呈现了与众不同的可能性。而且,一个被爵士音乐家演奏的"错音"——或者更确切地说,一个"意外的"音符——并不一定就是一个错误(如果是被一位古典乐乐师奏出,就几乎肯定是个错误了),因为乐队中的其他音乐家总能将这个意外之音当作一种独特性整合进他们正在即兴演绎的这段乐曲中。在即兴音乐的平滑空间中,问题从来都不在于将形式加诸于被动的、无活力的物质之上:声音物质和人类都不是被动的,音调和音乐家也不是被动的。相反,有一个自发的结构化的过程,在这个过程中,会有某种独特的内聚力(coherence)或坚实性出现,它不是由一个指挥或一份总谱从外部强加的,而是始终绝对地内在于乐队的创作活动。一个游牧国家/政治体并不服从确切表述的、(并且/或)由高高在上的超越的能动者或能动性所强

加的律法,而是遵循内在的、多半无法明述的规则(nomoi)
(369-74)。

总而言之,游牧主义概念的核心是这样一种观念:人类活动的形态
所促成的对社会领域的组织的方式、尤其是它们引发某种劳动分
工(与否)的方式(政治的与技术的相对、脑力劳动与体力劳动相
对),就是这种活动自身固有的一部分。因此,游牧主义所指的是
这样一些人类活动的形态:在这样一些形态的人类活动中,社会领
域始终是一个平滑空间;社会组织的模式与原则内生于群体活动
本身,而不是由一个超越的要求(transcendant instance)强加于其之
上;在此,盛行的是巡回的对特异性的追随以及群组创造,而不是
对既存形式的复制和/或强加,也不是发布和听从命令。应该将它
理解为一种启发性的区分:几乎没有什么人类活动会是全然内在
的或全然超越的。但正是这个概念的组成成分,指引游牧学去绘
出各种不同的游牧主义的实例、评估它们创造性重复(而不是机械
化重复)的潜质、相互强化其交叉的潜质以及带来广泛社会变化的
潜质。

战争机器

现在我们来处理战争-机器的概念,虽然它的坚实性来自于对
一种(作为人类"物种内社会组织问题的解决之道"的)特定的社
会性的形式的聚焦,但它的各种变式间的跨度却非常大:德勒兹与
加塔利强调,"理论上的第一个要点,就是战争机器确实有许多不
同的含义"(422),之所以有某些变式,原因也正是有些战争-机器
就是以战争为目的,而有些则不是。事实上,在《千高原》中,战
127 争-机器至少有六种截然不同的变式,对它们做出细致的区分是至
关重要的。而且,除了对此概念的不同变式的辨识之外,识别并区

分它的四个关键成分也是很重要的：目标（aim）、对象（object [1]）、空间（平滑与纹理相对）和社会性-形式（form-of-sociality）（最终取决于在"捕获"高原展开的可数集合与不可数集合之间的区分）。

　　六种变式中有两种和战争几乎没有什么关系。事实上，第一种变式几乎就配不上战争-机器之名，因为战争根本不是它的目的：它的本质是一个运转于平滑空间中的根茎的或游牧的社会关系形态（417），它的目标可以是各式各样的，"筑桥、修建教堂、提供判断或创作音乐、创立一种科学或一种科技"（366）。在此使用战争-机器这个词的主要原因还在于这些活动的变化的本性，以及与之相关的社会关系的游牧的本性。第二种变式——"革命运动的战争-机器"——如我们所见，可能会引发"建构革命性的连接与［资本主义］公理化的结合之间的对立"（473；也可参看220,464），但这并不是战争（平常所理解的），它也不一定会引发暴力，无论如何，它的最终目标是通过"非主流化的所有人的'生成-万物'"（473,译文有所改动）使所有社会关系都变成游牧的关系。只有在第三种概念变式中，游牧的伙群才开始替"战争-机器"这个词中战争的部分正名，在此，它们确实以战争本身为目的——与国家对立，它的目标是保卫平滑空间或从国家的纹理化中将平滑空间解救出来。本质上，这只是一种计谋之争（tactic war）（米歇尔·德·塞都从冯·克劳塞维茨那儿援引此概念），与国家在策略上的目标（strategic aim）（将一切可利用的开放空间都纳入它的辖域之中）作斗争。国家通过动员战争-机器的第四种变式来实践这个策略，此时，战争-机器被用来作为一种手段，服务于国家的（本质上说来是）政治目的：保全、纹理化、保卫并扩张国家领土。这四种变式本质上是按类型划分的，而最后两种则是历史性的，它们所关涉的就

1　此处作者想说的其实是"手段"（means）。——译者注

是 20 世纪中期局部战争向全局战争的转变,以及其后的战争-机器的政治目标向经济目标的转变——两者都与纳粹的兴衰以及之后出现的冷战(地缘政治的症结所在,当时德勒兹与加塔利正在写《千高原》)相伴发生。

128　　　尽管国家战争-机器(第四种变式)的唯一目的始终是战争(它必须不懈地保卫——如果不是扩张的话——自己的领土),它还是服从于国家的政治目标的:在这个意义上,战争只不过是"换种方法继续从事政治"(德勒兹与加塔利援引冯·克劳塞维茨[467]),而且这仍然还是局部的战争。第五种变式是历史法西斯主义(historical fascism[1]),在德勒兹与加塔利这儿起着从第四种变式向第六种变式过渡的作用:法西斯主义将局部战争转变为全局战争,为全面化的全球资本主义战争-机器铺平了道路。然而,在这个变化的过程中,战争机器的一个根本目标改变了。在给德国带来毁灭性打击的"一战"之后,纳粹的战争机器是通过承诺一个在经济上、政治上重生的德国而上台掌权的。考虑到重工业在德国经济中的重要地位(就像 20 世纪绝大部分的经济体一样)以及希特勒的上台,仅仅通过将经济扩张与军事征服挂钩,它便有能力履行这个承诺。仅仅通过将局部战争转变为全面战争,就能既保持工业车轮的运转,又能动员民众对纳粹统治的持续支持。在这一点上,一个关键的关于战争目标的歧义出现了:到底是征服世界的政治目标驱动了经济扩张,还是经济持续扩张的要求驱动了征服的政治目标?同样的问题也适用于同时期的美国:到底是参与战争以保卫一个自由的欧洲刺激了经济,还是刺激疲软的罗斯福新政时期的经济促成了参与战争的决定?毫无疑问,两者都是。但重点是,战争变成了(直到今天仍然是)近乎完美的解决经典的资本主

1　指欧洲 1920、1930 年代的法西斯主义,主要在意大利。——译者注

义生产过剩危机的方法:工业为国家战争生产武器装备,然后国家
把它们都用光,进而就需要继续生产新的武器装备——如此往复,
永无止尽。最后,正如从将军变成总统的艾森豪威尔在一个口号
中清楚明白地表达的那样,经济上对"军事-工业复合体"的要求将
取代国家的政治要求:资本积累变成了战争机器的真正目标,领土
扩张或领土控制则至多只是一个可能的目标而已,不再是必然的
目标。殖民主义让位于新殖民主义。热战(正式战争)让位于冷
战:对于促进资本大规模集聚的核武竞备而言,再也不需要转手领
土,甚至领土根本就无关紧要。

129

　　随着全球资本主义的到来,战争-机器在它的第六种变式中逃
离了国家的掌控,而且将国家吞并其中,国家只不过是它的一个用
以实现资本主义公理化(capitalist axiomatization)的变式而已。在
此,资本积累作为第六种战争-机器的目标,超出国家的控制,彻底
渗透进整个社会(既广泛又强烈地;既通过全球化,也通过吸纳),
经济要求统领政治目标,当然也不必完全废除政治。可以说,国家
政治与外交,甚至战争本身,现在只不过是资本持续积累的其他方
式而已。在德勒兹与加塔利看来,全球资本主义的战争-机器的目
标不再是热战(作为实现国家制定的目标的方法),而是资本积累
本身,在德勒兹与加塔利写作此部作品时,资本积累所采取的是冷
战威慑的形式,其中,国家福利体系和军事-工业复合体所起到的作
用差不多就是最终服务于经济目标的政治手段(467)。此后,全球
资本主义的战争-机器采取了各种不同的形式,经常被总结为像
"新自由主义安全化"这样的说法。将全球资本主义看作是战争-
机器,使我们能够理解,与国家权力的过度编码及纹理化过程相
比,它公理化的过程是何等的不同、是怎样地远为更加迅捷、更加
灵活,即使资本主义仍然将国家作为实现其公理化时刻的再辖域
的模型来使用。在"捕获装置"高原,我们对第三种变式,即资本主

义的国家形态有了更多理解,在此,资本主义最初的出现与之后的变化也获得了更细致的考察。

"捕获装置"(2)

与"微观政治与节段性"高原一样,"捕获"高原也提出了一些强有力的观点,在此,涉及的是政治经济学,而不是政治人类学。一个重要的质疑是有关货币起源的:正如我们已经看到的(在"人类—动物行为学"章节),货币最初不是以商品交换的媒介,而是以帝国贡品和国家税收的形式出现的。一个类似的认为国家政治优先于经济的主张,波及"生产方式"这个马克思主义概念的地位。传统的观点认为国家是由生产方式决定的,而德勒兹与加塔利则指出,是专制国家的物资囤积(土地、劳动和金钱)首先将无差别的劳作-活动转化为劳动力,将生产活动转化为生产方式(429)。他们进而明确声称,"我们[应该]通过机器性的过程而不是生产方式来界定社会构成([因为]正相反,生产方式是取决于这个机器性的过程的)"(435)。关键不在于说生产方式不存在,因为很明显它们是存在的,只是它们应该被理解为效果而不是原因——它们是依机器性过程的装配而定的一个结果,而它们自身并不是决定性的实体或统一体。

"捕获"高原还探讨了历史理论(我们暂且这样称呼),在这一点上非常紧密地与福柯有关"中断的历史"(discontinuous history)的理论与实践站在了一边。德勒兹与加塔利拒绝对专制国家形态的出现提供一个解释,只说它就是这么"一蹴而就"(in a single stroke)(427, 428, 448)地随着一个专制者或君主对一个或多个民族的暴力征服而出现的。他们并不否认在原始的辖域化社会构成中存在着中心化的趋势,但是这些趋势首先却是见于这样一些机制之中,凭借这样的机制,那些社会恰恰是要避免这种中心化趋势的产生,并阻碍国家的形成(正如我们在"人类—动物行为学"章节所看到的)。拒绝使用任何演化论的观点来解释国家的形成,这便突显了位于国家形态中心的最初的以及仍然在进行中的暴力(征服、监管、死刑)的重要性。在类似的意义上,德勒兹与加塔利拒绝任何对资本主义之产生的演化论的解释:它也是"一蹴而就"地随着以货币形式存在的可自由支配的(可兑换成现金)财富和以赤贫人民的形态存在的可自由支配的劳动力的偶然相遇而产生的。在此,他们同样强调了这个相遇的偶然性本质,以避免资本主义自然地或必然地成为支配性的生产方式(如它现在看起来的那样)。话虽如此,他们对资本主义在早期现代欧洲的偶然出现所做的解释其实是相当复杂的,而且,这对于理解它所导致的当代全球化的资本主义是很重要的(还有其他原因)。

国家如何使资本主义成为可能

131

三个要素解释了资本主义的出现。刚刚提及的财富与劳动力之间的偶然相遇是一个要素:"在非特定的(unqualified)财富流与非特定的(unqualified)劳动力之流相遇并结合时,资本主义便形成了"(453)。这种以货币形式存在的非特定性的可兑换成现金的财富与"自由的"(unqualified)劳动力(比如,这劳动力并不属于某个主人或地主、也不受他们约束)的结合,构成了最初的、基本的公理,德勒兹与加塔利把它称作资本主义公理。和通过编码与过度编码、以质化方式组织社会的野蛮和专制社会不同,资本主义的生产方式通过公理化、以量化方式组织社会:首先将解码的财富流与解域了的劳动力之流相结合以便生产出剩余价值,这剩余价值进而又被资本家私人占有。货币对财富的解码至关重要,一旦解码,财富从此便以一种纯粹抽象的,正如我们所见,可无限积累的形式存在。同理,这个将劳动力从既存的生存方式中除去的解域化的过程(马克思不无讽刺地把这样一个过程称为"原始积累",然而更好的说法或许是原始的或早期的匮乏),对资本主义的第一公理的出现同等重要:为了生存,解域化了的劳动力必须出卖自己以获得工资。这个劳动力是"非特定的"或者说是抽象的,因为它是用来和资本家进行交换的一种纯粹潜在的劳动潜能——而不是一个剩余产品(或与之等值的钱财),通过向暴君进贡而获得报酬便是如此。确实,资本主义生产方式的一个真正不同寻常之处在于,"非特定的"抽象财富之流与劳动潜能之流只有在通过资本投资而相互结合——只有在作出决策,比如,投资毛线产业、买入纺织机、雇佣并培训那些之前还是农民或农奴的人来操作这些机器之后,才获得了具体的形式。资本家是在潜在的领域中做决策,也即在实际的生产和消费尚未发生之前。正如我们在早前的章节里所看到的,货币是最彻底地独立于所有内容-平面的表达形式,甚至比语言还要更彻底。然而,货币以资本的形态最终成为社会组织的基础(那种在《反俄狄浦斯》中被称作"同伙[socius]"的基础)。我已经提到过,如果表达动机和狼群中幼崽的游戏是朝着潜在所迈出的第一步,那么资本主义的出现则是朝着这个方向所做的一次量子跃迁。而且,一旦现金财富(可兑换为现金的财富)和自由劳动力的资本主义结合而变得自给自足,资本就会继续扩张它对所有其他种类的抽象流的公理化:自然资源之流、消费品味之流、日益复杂的人的能力之流(职业技能)、科学知识与技术领域的能力知识(technological know-how)之流,如此等等。随着资本主义的发展,公理可以随意增加或去除;资本变成一个探头(就像演化):只要产生于最初的财富和劳动力的结合的核心公理持续发挥作用,则怎么做都能产生剩余价值。

虽然国家从此便服从于资本主义公理化的要求与试验,但是,在最初的相遇得以发生的那个情况下,国家却起到两个根本性的作用。第一个作用牵涉到物资囤积的体制，在早前关于人类—动物行为学章节中讨论过——对土地、劳动和货币的囤积使最终的财富积累以地租、剩余-商品和贡品的形式出现。在亚当·斯密和卡尔·马克思称作"原始积累"（尽管积累的方式各有不同）的过程中，资本主义极大地改变了这三种形态的囤积之间的关系。土地所有权和剩余劳动的所有权或对剩余劳动（比如，通过奴隶制或农奴制）的直接占有（比如，不以金钱为媒介）都不再重要，或彻底消失。租金形态则在任何形式的资本（不仅是地租）那里都不断增加，对剩余的占有现在采取间接的形式，如工资-奴役取代了奴役本身——也就是说，剩余不再是以剩余产品的形式、而是以剩余价值的形式被占有（在一个尤为关键的以货币为媒介、将大量工资与总是些微不同量的商品以能榨取差异化的剩余价值的方式结合的过程中）。当国家央行接管了发行货币并使其生效的职能后，贡品最终变为利息，本属于专制者的无穷债权，现在变成了亏欠资本自身的无穷债务。

对于资本主义的偶然出现而言，国家所起到的第二个作用在某种意义上甚至更为重要，因为国家最初的贡献以及它最终的消失对于我们理解资本主义生产方式和它在历史中的变化都是至关重要的：国家最初提供了这样一种空间，垂直方向上不同层级的元素与位于它们"之后"或"之上"（而不是位于它们之中）的一个中心发生共振，德勒兹与加塔利称之为"内一致性"（intraconsistency）空间。这个内一致性与以城镇之间的"前-国家"（pre-State）或"超-国家"（para-State）的关系为特征的"超一致性"（transconsistency）空间相对照，它形成一个水平的网络，通过"在……之中"（和……和……和）的逻辑而融贯起来。最后，德勒兹与加塔利强调，"资本主义（首先）是通过国家-形态、而不是城镇-形态来取得成功的"（434）。而一旦跨过了资本积累的临界点，资本主义就会溢出国家所布置的内一致性空间,如我们将要看到的,开始在国际市场的超一致性空间中运转。

资本主义如何将国家吸纳其中

但首先,我须得考察资本主义到底是多么彻底地改变了国家,使它服从于资本自身的私人积累的要求。得益于高速运转资本的卓越的解域力,资本主义在国家这里再辖域化,国家从此便以与专制国家及其颜貌-机器极为不同的方式运转。因为,首先是资本主义国家或公理化的国家根据高速资本不断变化的需求对人口进行主体化而形成黑洞:职业培训、人口普查以及厉行新自由主义,都是国家以资本的名义所实施的全面的主体化。同时,在一个统一的国家的市场里只有一种单一的、稳定的货币,这座白墙的形成,也是国家所为。随着所谓的文明社会和公共领域的发展,以及据称是"自由的"公民战胜(并未彻底消除)政治上被约束的主体,两种主要的国家形态中,专制的"依附"形态有被"契约"形态侵蚀的倾向(并未彻底消除)。至此,国家不再为了专制君主的荣光去过度编码已经被编码的流,而是精心地将不断解码的原料、工序、未经训练的劳动力、购买力和技术等的量子流编排起来。

134　　最终,当资本聚合解码之流或对其公理化的速度和力量超过国家对解码之流流进行过度编码的力量时,一个临界点就被触及了,这时,国家就仅仅只是资本主义公理的实现模式和它进行再辖域化的场地了,资本主义的公理化正波及全球。国家此刻取代了作为全球(而不是地方的或民族的范围)超一致性(transconsistent)网络要素的城镇,在其中,国家起着移动的节点的作用,使服务于投机金融资本的全球市场这座白墙上对国家货币之间的比较成为可能。与此同时,对人口的主体化这个黑洞,让位于机器性奴役的复苏,这不禁令人想起被最早的司职捕获与积累的巨型机器,即专制国家所雇佣的奴工。而主体化了的工人在商品生产的过程中使用技术机器,当工人和消费者(或者更准确地说是他们在各种不同节段上的活动)变成社会生活中无处不在的致力于资本积累的社会机器的一部分时(德勒兹后来会称之为"控制社会"[1]),他们就被以机器的方式奴役了。在这个背景下,随着全球资本将国家吸纳为实现其私人积累的模式,主体化的体制看来只不过是最初的巨型捕获机器——专制体制与第二个巨型捕获机器——全球资本主义自身之间的一个暂时的过渡阶段,而这两者都是经由机器性的奴役来运转的。

　　资本强大的解域力由以下两个因素促成:资本的表达形式——货币——的抽象程度与自治程度,以及这样一个事实,即资本主义的公理化直接作用于解码的量子流,而并不作用于编码或过度编码的线条-节段。这些流之中,最重要的有流通货币和抽象的劳动力,还有技术所达成的物质与能量之流,以及通过市场和政治管控的欲望与信仰,不一而足。资本有能力伸出它的鳌,直接将坚实性平面牢牢钳住,其所在空间随后即变成提供一个或多个公理的层。如此,资本便提供了通向潜在之域的前所未有的入口,它像一个试验探头那样以不断攀升的高速,探索这潜在之域——这速度仅仅被理论上具有无限速度的哲学之思本身所超越。资本主义公理化之力的关键——于我们对它的理解而言甚至更为关键——在于这样一个事实,即它同时将这些解码之流结合(conjugates)并连接(connects)。结合,正如我们在"微观政治"高原所见,通过将流置于一个对之进行过度编码的权力中心的统治之下,来限制并再辖域化这些流。连接,则相反,它通过提升其逃逸-速率(escape-velocities)并增加其能量子的数目,来增强流的力

1　参见德勒兹的一篇重要的短文《关于控制社会的附言》(Postscript on Control Societies)。

量。德勒兹与加塔利所称的资本主义公理化的"不可判定性",就正是在说它同时做着结合和连接这两桩事情。通过将流连接起来,资本主义不断地"对生产力进行革命"(如马克思与恩格斯所说),但与此同时,通过将流结合起来,它又为无节制的私人资本积累的黑洞捕获剩余价值:"资本主义最深层的规律[是]它总是不断地设定界限,然后却又击退这些界限,可这样一来,便出现了大量的流,它们在各个方向上逃出资本主义公理的掌控"(472)。之所以如此多的流最终都逃出公理化的控制,原因在于公理化只能在节段化了的线条上运作,在德勒兹与加塔利称作"可数的集合"上运作(472,各处都涉及)。由于如我们所见的,所有的权力-中心总是既有一个无能区,也有一个权力区,并且资本表达的形式化总是带来以货币计算的抽象量化,因而,它的无能区就是由任何不可数或不可量化的元素、流和关系组成:"资本主义在充当其模型的可数集合中被实现的同时,它也必定会构成切断并扰乱这些模型的不可数集合"(472)。因此,政治上的核心口号或要求将是"建立革命性的连接,而不要公理化的结合"(473)。

生成与革命

因此,我会说,对德勒兹与加塔利而言,政治位于资本主义公理化所带来的结合与连接的交叉点上,在更重要的意义上说来,是结合与连接的分叉点上:因为资本

> 在引发对解域的、解码的流的结合的同时,不会不伴随那些流的进一步拓展;不会没有它们对结合它们的公理和对它们实施再辖域的模型的逃脱;不会不伴有它们对进入那勾画出新大陆的"连接"的趋向⋯⋯
>
> (472)

在之前论及伦理学的那一章中,我明确区分了"生成非主流(少数派)"和"属于非主流(少数派)"。现在我可以补充一点,"非主流(少数派)所固有的是对不可数之物的权力的维护"(470)。诚然,德勒兹与加塔利承认,少数派政治确实经常会(也确实常常必须)挑战公理化层面的国家和资本,并寻求对自己有益的改变:

> 再次重申,这并不是说公理层次上的抗争是无足轻重的。相反,它是决定性的(在最为多样化的水平上:女性为争取投票权、为堕胎、为职业权所做出的努力;为了区域自治所做的抗争;为第三世界所付出的努力;为东方或西方受压迫的民众和少数族群所做的奋斗……)。然而,总是需要指出的一点是,这些努力也指向另一场与之共存的斗争。不论这努力的诉求多么卑微,它总是会构成一个公理无法容忍的点:当人们要求按他们自己的方式表达他们的问题时……
>
> (470-1)

我们有必要顺便回想一下,表述"问题",它既是游牧科学的特征,也是政治哲学自身的特征。但是,可数集合为权利和赔偿等所进行的斗争仅仅只是成功的一半——甚至可以说,还不是更好的那一半。在围绕公理所进行的摩尔态斗争的下面,总是有另外一些微观政治的斗争,其中最好的例子便是"各人的非主流化的生成万物"(minoritarian becoming-everything of everybody)。事实上,不仅仅只有政治斗争始终是双重的(公理化/非主流化),历史本身也是如此:任何历史事件,总是既包含像国家这样的权力中心所掌控的一条线性的发展,又包含一批在多重的方向上与那条历史发展之线处于正交或横断关系的潜在的生成。因此,在国家历史和被资本主义所释放的非主流化的生成之间,有一种根本的不同:国家,通过书写和领土征服,不断地将发展添加于它的过去之上,而一个

非主流化的生成(作为对记忆的抵抗),则去除对过去的编码,以便
137 抵达坚实性平面,这个平面具有将历史引向其他方向的最大潜能。
换言之,国家历史的叙事以及依据这种历史所采取的行动,会追溯
并强化制造且/或巩固了国家规则的因果链——在这样一种意义
上,历史总是被胜利者书写的。相反,非主流化的生成,则是要脱
去(或解码)这种现在对过去所作出的裁定,而在现在之中恢复其
在未来生成它物(become-otherwise)的潜在可能。因此,政治哲学
的一个核心任务就是去绘制出所有的非主流化的生成,以探知那
些能带来有利改变的内在潜能之所在。如果说生成-非主流具有
一种"普遍的形象"(universal figure),德勒兹与加塔利也明确表示
它具有此种普遍的形象,这既是因为每个人都潜在地参与其中,正
如我们在"语言学"高原所见(106),也是因为每个人都有变得-无
法感知的潜质,正如我们在"生成"高原所见。

　　然而,普遍之物不仅仅只有非主流化的生成:全球市场也
是——诚如德勒兹与加塔利在《什么是哲学?》中所说,它是"资本
主义中唯一的普遍之物"(*What is Philosophy?* p.106)。作为解域的
最高速矢量以及表达的最抽象形式,国际市场为人类"物种内社会
组织问题"提供了最大的潜在可能性作为"解决之道"。当然,这种
潜在可能性不仅受制于资本,它实际上又被转化回由资本所造成
的压迫、剥削与贫困。由于围绕国际市场的潜在可能性所展开的
斗争至关重要,"非主流(少数派)……在无产阶级那里寻获了它的
形象及其普遍意识"(472)。作为巨型捕获机器和无限私人积累的
资本权力,则倚赖于对可数之流进行公理化,而其代价是生产出它
自己的无能区,其中就包含仍然是不可数的多重之流。就此而言,
政治要做的是将一些这样的流连接并装配起来,以构成"一部战争
机器,它的目标既不是消灭[如纳粹德国],也不是广泛恐惧之下的
和平[如"冷战"],而是革命的运动(连接诸流、构成不可数的聚

集、各人的非主流化的生成万物"（472-3）。所以，前进吧：每个人 138
都生成（变得）-无法感知吧！要爱，不要战争（Make love, not war）！把你的爱变成战争-机器，把你的战争变成爱的-机器！解雇老板！取消无尽的债务！打碎一些结合！制造一些连接！……

尾声

对《千高原》的解读就此告一段落。在解读过程中，我竭力忠实于原著——保持原文的浓度，未做任何稀释，没有添盐加醋——唯一只是在风格上有所不同。德勒兹与加塔利说，他们会以一种循环的形式呈现此书只是开个玩笑而已，但正如我们所见，之所以采取循环的形式，还有其他原因：为了使这本书成为一片根茎，朝着多重的方向同时展开。而我却为我的解读设置了一个线性的布局——部分原因是希望它能平实、简单并易于理解，但还有另一个原因，希望它能激发一些热情。《千高原》这样一本书，不仅仅是一片根茎、被设计为绘制了世界上诸多生成的一幅拼布-地图：它是一部战争机器，它试图改变世界。因此，解读最初从"大爆炸"开始，然后一个阶段一个阶段地从认识论、本体论以及人类学展开，直到伦理学和政治学，并最终以劝勉作结。在坚实性平面的三个彼此相关却又不尽相同的维度，美学、伦理学与政治学中，我们选择以政治学作为其终点，是为了将战争-机器的改变之力散布到尽可能宽广的舞台上。其他的解读也同样可以去彰显美学或伦理学的改变之力。但无论如何，最有成效的战争-机器会装配集群，并且总是只通过感染与感召来运作。那么，就让我们的解读像病毒一样扩散开去吧！因为，与一个我们熟知的迭奏相呼应，从事哲学的意义，不仅仅是要解释世界，而是要与它一道试验、与它即兴共舞，并最终改变它——向好的方向。

接受与影响

对一本像《千高原》这样的书,描绘对它的接受及其影响是一项困难的工作,其主要原因有二:首先,诚如我们所见,这本书涉猎极其广泛,它所带来的影响同样如此。其次,这本书是德勒兹与加塔利的数本合著之一,而他们各自又都有不少独立撰写的作品,因此,要将这一本书的影响与德勒兹和加塔利的合作所产生的普遍影响分隔开来,将它与德勒兹和加塔利各自的影响分隔开来,几乎是不可能的。为了评估《千高原》自身的影响力,我们或许可以关注这样一个事实,在《千高原》最初出版(1980)之后的三十年间,它至少被翻译成九种语言:英语版(1987),意大利语版(1987),德语版(1992),西班牙语版(1997),瑞典语版(1998),丹麦语版(2005),葡萄牙语版(2007),中文版(2010)和日语版(2010)。然而,为了作出评估,对这个看上去简单的事实,我们还得具体情况具体分析。

比如,英语版和意大利语版出版于同一年这个事实就可能造成误导。由于加塔利与意大利繁荣的政治自治运动和反精神病治疗运动的个人关系,《反俄狄浦斯》1975年就被译为意大利语(仅在法语版出版三年之后),而且立即获得成功。而在《千高原》写成之时,意大利的政局已经急剧变化,尽管一个收录了四座高原的选集("根茎"、"怎样使自己成为无器官的身体?"、"论迭奏"和"捕获

140 装置")很快就以意大利语发行(1980),完整的译本却直到 1987 年
才出版,并且遭遇普遍的冷遇,尤其是在学术界。一个重要的例外
则是政治激进主义者兼理论家安东尼奥·奈格里(Antonio
Negri),他和德勒兹都对斯宾诺莎感兴趣,他之后与美国人迈克尔·
哈特(Michael Hardt)的合作吸收了德勒兹与加塔利的思想(以及
福柯和其他许多人)。他还在加塔利与德勒兹的最后一次合作的
前一年,与加塔利合写了一本《像我们这样的共产主义者》
(Communists Like Us)。除了奈格里,在意大利,对德勒兹与加塔利
更广泛的兴趣则要等到世纪末才重新出现,而且(相当程度上是得
益于 Millepiani 这份杂志)对他们的兴趣主要来自于艺术家、建筑
师、城市社会学家、地理学家和城市规划者。(一个显著的例外是
意大利哲学家毛里齐奥·拉扎拉托[Maurizio Lazzarato],他写的颇
具洞见的探讨德勒兹与加塔利的书《资本主义的革命》[Les
Révolutions du capitalisme],还有待翻译成英语。)《千高原》的英语版
则相反,推动并熏陶了一个可以算得上持续发展的、跨越三块大陆
(澳大利亚、不列颠群岛以及北美)的学者共同体,可以公允地说,
德勒兹与加塔利在英语世界的影响远远超过他们在法国的影响。
起初,德勒兹与加塔利的著作被引进澳大利亚新兴的文化研究的
领域,主要是得益于保罗·帕顿的哲学工作以及墨美姬(Meaghan
Morris)在文化与文学研究领域的工作,还有伊恩·布坎南(Ian
Buchanan),他于 1996 年在西澳大学组织了德勒兹研讨会,此后就
成为《德勒兹研究》(Deleuze Studies)这个刊物以及爱丁堡大学出版
社的德勒兹书系的编辑。在英国,华威大学赞助了由基思·安塞
尔-皮尔逊(Keith Ansell-Pearson)和尼克·兰德(Nick Land)组织的
一些早期的关于德勒兹与加塔利的研讨会。现在,曼彻斯特城市
大学主持着一个德勒兹研究的网络,以及一份线上刊物《A/V》。
与此同时在北美,则有哥伦比亚大学的西尔维尔·罗特林奇

（Sylvère Lotringer），然后是传播学学者劳伦斯·格罗斯伯格（Lawrence Grossberg）以及加拿大哲学家康斯坦丁·邦达斯（Constantin Bounds）对德勒兹与加塔利产生兴趣，罗特林奇早在1975年就主办过一次纽约的研讨会（但时运不济），德勒兹与加塔利本人都出席了会议，他将多期自己的期刊 *Semiotext（e）* 用于翻译他们的作品；格罗斯伯格将他们的工作引入文化研究领域；邦达斯则翻译了德勒兹早期的数部哲学著作，编辑了大量重要的研究德勒兹哲学的文集，在特伦特大学组织了（在科罗拉多大学多罗西亚·奥尔科夫斯基[Dorothea Olkowski]的协助下）一系列具有开创性的研讨会（1992,1996,1999以及2004年），一次比一次规模更大。相反，《千高原》的葡萄牙语译本却迟来得令人有些意外，尤其是考虑到巴西仍然是全世界对精神分裂分析的接受与发展[首先在《反俄狄浦斯》中提及]最广泛的地方，这部分得益于加塔利对巴西的频繁拜访，还有德勒兹最重要的法国学生之一埃里克·阿利耶兹（Eric Alliez），以及圣保罗天主教大学的教授兼精神分析师苏利·罗尼克（Suely Rolnik）的工作。总之，《千高原》的这些译本为我们提供了衡量这本书在世界范围内的重要性的一个指标，即使它所带来的影响的程度在不同时期、不同地区变化很大。

与此同时在法国，对《千高原》的接受则要疲弱得多。《反俄狄浦斯》已经很难被相对严苛的法国学术体系所接纳——对《卡夫卡》与《千高原》来说，就更是如此了。一个相互影响、相互竞争的装配将德勒兹和加塔利与他们同时代的一众重要的法国知识分子联系起来，包括路易·阿尔都塞、莫里斯·布朗肖、雅克·德里达、米歇尔·福柯、皮埃尔·克洛索夫斯基、雅克·拉康以及让-弗朗索瓦·利奥塔等。早在《差异与重复》时期，德勒兹已经表达过对阿尔都塞解读的马克思的完全的赞同，尤其是这样一种观念，即将生产方式理解为一个结构，它提出问题、以待各种社会形态以不同方式来解决它。晚期的阿尔都塞也承认,在发展出他称为"偶然相遇的唯物主义"的过程中,德勒兹起了重要作用。阿尔都塞甚至改写了德勒兹与加塔利的"生成"范畴,用来指称一种生产方式具有自我复制之能力的随机性:生产方式并不遵循必然的规律;这些规律只不过是"生成-必然",却从不曾真正企及绝对的必然。德里达则在德勒兹去世时声称,他完全同意德勒兹作品中的观点(尽管德勒兹的立场与之完全不同,远不像德里达那样以文本和语言为中心)。德勒兹 142 与福柯、德勒兹与利奥塔之间的相互影响是如此的广泛,以至于根本无法将其拆开,尽管最终他们自己还是各奔东西。利奥塔的《力比多经济学》(1974)在《千高原》(1972)不久后出版,同样表达了要通过使政治经济学面对精神分析(以及使精神分析面对政治经济学)来更新政治思考的要求。福柯对不同权力形式(比如君权与规训的权力之间的比较)的历史研究与德勒兹和加塔利的力比多生产方式(《反俄狄浦斯》)以及符号机制(《千高原》)有得一比,而且在德勒兹晚期写就的一篇著名的有关"控制社会"的文章中,德勒兹明确表示,他发展了福柯对规训力的思考用以解释一种新型的权力。

　　然后便是他们从前的学生与年轻的同事。德勒兹和/或加塔利的学生,如让-克莱·马丁(Jean-Clet Martin)和埃里克·阿利耶兹对他们的工作做了重要的概述,将他们的思想延伸到造型艺术(阿利耶兹便是如此)这样的领域中。比利时哲学家伊莎贝尔·斯唐热(Isabelle Stengers)在其科学哲学的研究中广泛吸收德勒兹与加塔利的思想。布鲁诺·拉图尔的工作,尤其是他那既不是纯粹社会的又不是纯粹自然的,而是两者兼而有之的"杂交体"(机器装配)概念,以及唐娜·哈拉维(Donna Haraway)的"人机合体宣言"(Cyborg Manifesto),都反映出德勒兹与加塔利对他们的影响(尽管他们可能并不像斯唐热那样明确承认这一点),"后人类主义"

（posthumanism）这个领域的工作在更一般的意义上同样也深受德勒兹与加塔利的影响。法国经济学家雅克·阿塔利（Jacques Attali）的《噪音：音乐的政治经济学》（*Noise：the Political Economy of Music*）的框架及其分析装置就与《千高原》很类似，尽管它的出版（法语版）比《千高原》还要早。乌特勒支大学特聘教授、人文中心创始人罗西·布雷多蒂（Rosi Braidotti），从德勒兹与加塔利的观点出发，广泛地在女性主义及伦理哲学领域有所著述。阿姆斯特丹大学媒体研究教席教授帕特丽夏·品斯特（Patricia Pisters），在其神经生物学与当代屏幕文化的研究中，拓展了德勒兹在哲学和电影方面的工作。法国媒体学者皮埃尔·莱维（Pierre Lévy）在其对以数码为媒介的"集体智能"的分析中，则直接援引德勒兹与加塔利。巴黎十大哲学教授安·索瓦尼亚格（Anne Sauvagnargues）致力于研究德勒兹和加塔利的思想与艺术和音乐之间的复杂关系，而德勒兹的一位亲密好友理查德·品哈斯（Richard Pinhas），则在德勒兹与加塔利的思想感召下，进行音乐创作。品哈斯还创建并运转着一个互联网站，用于将德勒兹在文森大学的课程转录为抄本（几乎是品哈斯自己参加过的所有课程），网站向全世界研究德勒兹与加塔利的学者开放。

143

　　然而，《千高原》所引起的反响绝不都是肯定的。[1] 在英译本出版之前，艾丽斯·贾丁（Alice Jardine）就质疑了"生成-女人"这个概念，她认为这个概念可能会彻底取消真正的女性的政治能动性——尽管德勒兹与加塔利强调，除了生成-女人，"女性还必须从

1　我将弗里德里克·詹姆逊、斯拉沃热·齐泽克以及阿兰·巴迪欧的批评搁置一旁，因为他们所关涉的都是《千高原》之前的著作。要了解他们对德勒兹与加塔利的看法，关于前两位可参看兰伯特（Lambert，2006）；第三位则可参看罗夫（Roffe，2012）。还可参看丹尼尔·W.史密斯（Daniel W. Smith）所写的文章《巴迪欧与德勒兹论数学的本体论》《数学与多重性：重读德勒兹与巴迪欧》以及《结构的背面：齐泽克谈德勒兹论拉康》。

事摩尔态的政治,以期重获她们自己的有机体、她们自己的历史、她们自己的主体性"(276)。之后,一些女性主义学者,包括罗西·布雷多蒂、克莱尔·科勒布鲁克(Claire Colebrook)、伊丽莎白·格罗兹(Elizabeth Grosz)以及塔姆辛·洛林(Tamsin Lorraine),都广泛地吸收德勒兹与加塔利的思想来推进女性主义在身体、能动性、社会性别和/或生物性别等方面的理论化。朱迪斯·巴特勒在她所写的第一本书中专门开辟一章谈德勒兹,之后,她发展出了具有开创性的性别操演理论,对女性主义与酷儿研究都产生了重要的影响,在这个理论中,性别化了的主体只是作为重复的产物或副产物而出现,而重复中的差异的程度(从赤裸的重复到伪装)则决定了一个主体到底是强化了规范性的性别角色还是颠覆了它。

　　阿兰·索卡尔(Alan Sokal)与让·布里克蒙(Jean Bricmont)甚至比贾丁还要更加竭力地反对遍布《千高原》中的对科学与数学的援引,在他们合写的《时髦的胡说》(*Fashionable Nonsense*)中,专有一章谈德勒兹与加塔利。不过,曼纽尔·德兰达(Manuel DeLanda)、布莱恩·马苏米(Brian Massumi)、阿尔卡狄·普罗特尼斯基(Arkady Plotnitsky)、约翰·普罗特维(John Protevi)和布莱恩·罗特曼(Brian Rotman)(自不必重提斯唐热以及斯唐热与普里戈金[Prigogine]的合作)的工作已经说明了数学与科学对于德勒兹与加塔利而言是何等的重要,以及科学的最新进展的重要性及其关联如何可以经由《千高原》中展现的形而上学获得阐释。然而,德兰达的工作并没能清晰地将哲学与科学区分开来,结果使德勒兹与加塔利的根茎学(rhizomatics)仅仅变为一种社会科学——尽管他们一直强调哲学概念(不像科学概念)不是参照性的。其实,没能对德勒兹与加塔利的形而上学中的各种组成做出区分,是一个太过普遍的情况。比如克里斯托弗·米勒(Christopher Miller)就批评他们的"游牧主义"概念,说它是对游牧民族的一种歪曲,他这是将一个自我指涉的、实用主义哲学的概念错认成一个参照性的社会科学观念（人类学的或人种学的）。彼得·霍尔沃德（Peter Hallward）犯了一个类似的错误，把终极的美学要求（生成-无法感知）与显然是很实际的、现实的伦理和政治要求混淆起来。颇为讽刺的是，即使是生成-无法感知这个美学要求（他将之理解为所有德勒兹与加塔利思想中的"超脱世俗"趋向的不可或缺的部分），事实上是将生成与"此性"（haecceities）关联起来，而正如我们所见，很难想象还有什么比"此性"（haecceity）的"这儿-此处-现在"更加"此世"（this-worldly）的了。

在科学领域，德勒兹与加塔利的影响最显见于曼纽尔·德兰达、布莱恩·马苏米和约翰·普罗特维的研究计划中。伊丽莎白·格罗兹的工作将生命科学与美学连接起来，罗纳德·博格（Ronald Bogue）、史蒂芬·沙维罗（Stephen Shaviro）和史蒂芬·泽普克（Stephen Zepke）也在这方面作出了重要的贡献。在美学领域，建筑学中出现了数量惊人的受德勒兹启发的研究，这主要得益于德勒兹在其晚期谈论莱布尼兹的书（《褶子》）中对建筑学思想图像的改写，以及《千高原》中对空间的强调。（关于德勒兹与建筑学，参看 Ballantyne，Frichot 和 Grosz；Karatani 和 Stoner 的作品。）考虑到德勒兹与加塔利对绘画的研究，如今在绘画领域却没有出现更多的作品，这着实有些意外；而德勒兹对电影研究的巨大影响则得益于他晚期的两卷本关于运动-影像与时间-影像的电影研究（如我们所见，《千高原》更专注于空间）。《文化批评》杂志为《卡夫卡》中提出的非主流文学的概念做了两期全刊，但《千高原》在文学研究领域里的影响相对较小（部分原因在于他自己的文集《批评与诊断》对文学研究十分重要）——也有一些重要的例外，如罗纳德·博格，他的《德勒兹的方法》（*Deleuze's way*）在文学与其他艺术中将美学与伦理关联起来，他的《德勒兹式的虚构》（*Deleuzian*

Fabulation)也是专论文学的;还有法国的英语教授让-雅克·勒赛克

145 尔(Jean-jacques Lecercle),他横跨语言学、哲学和文学研究的工作方
式明显是受惠于德勒兹与加塔利的。

　　在伦理学领域,受德勒兹与加塔利的启发,托德·梅(Todd
May)、西蒙·奥沙利文(Simon O'Sullivan)、查尔斯·斯蒂瓦尔
(Charles Stivale)和罗西·布雷多蒂作出了重要贡献,他们的工作将
伦理学和哲学与女性主义的理论和实践关联起来。威廉·康诺利
(William Connoly)、菲利普·古德柴尔德(Philip Goodchild)和肯尼
斯·苏林(Kenneth Surin)这三位哲学家兼文化批评家从事宗教问
题的研究,他们的工作显然也受到德勒兹与加塔利的影响。考虑
到德勒兹与加塔利认为他们的合作基本上都是政治趋向的,他们
在政治理论领域也具有广泛的影响。除了布莱恩·马苏米横跨美
学与政治学、出版了不少重要著作并编辑数本文集,保罗·帕顿发
表了不少作品,将德勒兹与加塔利和英美政治思想关联起来,并将
他们的思想延展至后殖民和原住民的议题。尤里安·雷德(Julian
Reid)将德勒兹与加塔利的思想引入国际关系的领域,尼克·托本
(Nick Thoburn)写了一本重要的探讨德勒兹与马克思之间关系的
书。爱多尔德·格列森特(Edouard Glissant)用德勒兹与加塔利的
一些概念来分析加勒比海地区的局势,乔·比斯利-莫瑞(Jon
Beasley-Murray),在运用拉丁美洲个案对文化研究中的霸权概念所
做的重要批评中,大量吸收德勒兹与加塔利的思想(尤其是"习惯"
[habit]和"情状"[affect]的概念)。我自己的《游牧公民》则将《千
高原》中的游牧学课题与《什么是哲学?》中明确提出的政治哲学的
乌托邦面向结合起来。哈基姆·贝(Hakim Bey)的《临时自治区》
的理论很大程度上受益于德勒兹与加塔利的思想,哈特与奈格里
的三部曲《帝国》、《诸众》和《共同体》同样是如此(尤其是前两
卷)。哈特与奈格里的"帝国"与"诸众"概念显然分别与德勒兹和

加塔利对全球资本主义战争机器以及根茎的多重性作为机器装配的分析相关。然而，必须指出的是，哈特与奈格里在有关"历史"的问题上，并不完全和德勒兹与加塔利的观点一致：相对于生成，德勒兹与加塔利坚持将历史置于次要位置，而哈特与奈格里则采纳了一种更为人所知的黑格尔—马克思主义的历史观，它既是辩证法的又是目的论的。

《千高原》的长远意义

146

在一个经常被引用的福柯的评论中（《哲学剧场》[Theatrum Philosophicum]，p.165），他提到，"或许这个世纪[20世纪]将作为德勒兹的世纪而为人所知"。一个几乎与福柯的评论同样常见的反驳则是：不是20世纪，而是21世纪会作为德勒兹的世纪为人所知。相较于德里达（两位"差异哲学家"都在1968—1969年发表了他们的第一部重要作品），德勒兹与加塔利的影响是迟来的，但它似乎比德里达的影响更持久，并与福柯一道超越了德里达。德里达以及德勒兹与加塔利都是先通过文学研究的门路进入英语学术圈，但当德里达（追随海德格尔）自认为终结了漫长的西方形而上学阶段时，德勒兹却自认为在继续并复兴一个可以回溯到古希腊的哲学传统——尽管，正如我在开篇提到的，他通常都是选择那些特立独行的哲学家或在那个传统中少有人走过的路。在德勒兹看来，重读并复兴哪怕是如柏拉图、康德这样的主流哲学家，与揭示那些被不公正地忽视的哲学家如斯宾诺莎、尼采和柏格森的思想是同样重要的。概念创造仍然是哲学的任务，它一定会继续在社会生活中发挥重要作用，通过与惯常的常识搏斗，通过与科学、与艺术的富有成果的合作，构想出生活的新的可能性。德勒兹与德里达的另一个显著区别是德里达从结构主义那里继承了文本中心主义或语言中心主义。德里达是杰出的文本解读者（哲学的、文学的、语言学的——各种文本），但是，这使他难以（至少在早期）令人信服地在文本之外提出问题。（他的一句话曾被翻译为"文本之外，别无他物"）德勒兹与加塔利从不像德里达这样以文本为中心。事实上，他们的第一次合作就拿拉康主义的语言中心论开刀，尤其是其将无意识构造为一种语言，而它的运转其实更像一部机器。如我们所见，在《千高原》中，他们对语言学的批评一开始就将语言置于与其外部的关系之中：权力的力量以及混沌系的持续变形。我们也看到，《千高原》不仅充分援引了各种不同学科，还在更多的学科中做出重要的探索。颇为讽刺的是，《千高原》的意图是哲学，只做哲学，但它却保有与哲学自身之外的无数领域的联系——而这只会增强它在未来更长远的影响力。

　　另一个理解《千高原》的影响的方法（尤其是从其在英语学术界的影响开始），是将其定位于两个重要领域的交叉处，这两个领域自身又都是跨学科的，而且都出现于 20 世纪的后四分之一段，此时德勒兹与加塔利刚开始他们的合作：（这两个领域便是）文化研究与文化理论。文化研究是从对文学研究、历史与人类学之间学科壁垒的强烈不满中发展出来的，因此它自身也是一个跨学科的领域（如果不是反学科的话）。更重要的是，促生了文化研究的这种（对学科间壁垒的）不满，主要是针对这些学科无法处理诸如无节制的军国主义、失控的贫富差距、环境灾变和漠然的代议制民主等紧迫的社会议题。文化研究会利用任何有益于处理这些问题的学科资源（其中，任何一个学科，在其自身范围内都不会提出这些问题，或者事实上是排除了这些问题），然后生产出即刻能用的"局部知识"以处理这样的问题，而不是为构建普遍的学科知识大厦去作贡献。于是，其姿态与做法便很接近德勒兹与加塔利在《千高原》中描绘的游牧科学或非主流科学。同时，《千高原》自身就是我们所说的"理论"的一个惊人而杰出的例子——广泛利用不同学科的资源(语言学、人类学、哲学与经济学等)以便开创新的研究范式或策略的这种实践,从结构主义就已经开始了,这些新的研究范式与策略并不独属于其中任一学科,但却会反哺所有这些学科以及更多其他学科的研究议题。《千高原》同时示范、促进并促成了这样一种理论的实践和"理论启发的研究"(theory-informed research)——首先在人文学科领域(尤其是文学与文化研究),然后是艺术领域(尤其是建筑与音乐),最后则是在社会科学领域(尤见于地理学与政治理论)。

就"后-结构主义"这个词的两个意义而言,我们都可以把德勒 148 兹与加塔利的贡献看作是后结构主义的(尽管这个词在法语知识界之中,对他们或对任何其他人而言都可能是无足轻重的)。他们延伸了跨学科的理论触角,与结构主义已然展开的这个过程相衔续,在此意义上,他们是后-结构主义的;他们之所以是后-结构主义的,还在于他们从主要由结构主义引发的"语言学转向"(linguistic turn)中挽救了理论与"理论启发的研究",并将它们与外部世界中迫在眉睫的问题联系起来。仅仅是 Bloomsbury 学术出版社、伊恩·布坎南和克莱尔·科勒布鲁克在爱丁堡大学出版社负责的"德勒兹连接"与"德勒兹研究的新方向"书系(《德勒兹与空间》,《德勒兹与女性主义》,《德勒兹与音乐》,不一而足)的书目的数量及其选题范围,就足以证明德勒兹与加塔利的触角已延伸到"后语言学"的研究中。当然,他们对人文学科、艺术与社会科学中的众多新兴领域都有贡献,包括被称为"情状转向"(affective turn)的领域,复兴的对身体的兴趣、空间与建筑学;"后人类主义"(post-humanism);"新唯物主义";以及另类全球化(alter-globalization)运动,如此等等。

较之德勒兹与加塔利的工作在跨学科方向的延展而言,更为特殊的是其所提供的独一无二的契机,成就了"两种文化"之间建设性的对话——即一面是自然科学与数学,另一面是艺术、人文及社会科学。作为"科幻小说"的一个种类,如我们所见,《千高原》广泛利用科学与文学、援引达尔文和黎曼,也吸收卡夫卡与普鲁斯特。德勒兹与加塔利对复杂性理论与自由间接引语采取同等严肃的态度,最终创建了(我想称之为)一个统一的作为开放动态系统的混沌系的理论领域,哲学作为它的一种绘制技术,与科学、数学、政治人类学、文学与艺术一同运转,并与它们相互关联。就此而言,《千高原》将会兑现其承诺,提供与今天的科学相匹配的形而上学,而且,正如康德形而上学的影响从启蒙时代一直延续到今天,《千高原》所提供的形而上学将在这个世纪、以及以后的世纪发挥其影响。

进阶阅读书目

下面所选作品的作者也入列参考文献。

经常发表有关德勒兹与加塔利的研究的法文期刊大致包括《奇美尔》(*Chimères*),《将来之先》(*Futur Antérieur*)以及《多重性》(*Multitudes*)(在线版);英文期刊则有《安吉拉其》(*Angelaki*),《根茎》(*Rhizomes*)(在线版),《要旨》(*Substance*),当然还有《德勒兹研究》(*Deleuze Studies*)。在德勒兹与加塔利研究领域,重要的出版社包括 Columbia, Continuum, Duke, Minnesota, Palgrave, Routledge 和 Zone Books——尤其还有 Bloomsbury 学术出版社的"相会德勒兹"(Deleuze Encounters)书系、以及爱丁堡大学出版社的两个书系("德勒兹连接"和"高原——德勒兹研究的新方向")中的许多主题性的出版物(数量太多无法尽数)。

德勒兹与加塔利的其他相关著作

在德勒兹与加塔利的著作中,显然要推荐《反俄狄浦斯》,它是《资本主义与精神分裂》的第一卷,而《千高原》是第二卷。在两卷之间发表的他们合著的《卡夫卡》显然是另一本要推荐的著作,因为它,作为一种对卡夫卡的反俄狄浦斯式解读,既构成了第一卷的

150　一个贴切的结论,同时,作为对根茎与微观政治学的引介,它也构成了一个同样贴切的第二卷的导论。他们最后的合作《什么是哲学?》,如我所说,在许多方面都构成了对他们在《千高原》中所从事的哲学的最好的介绍。在他们独立完成的作品中,最相关的是德勒兹的《普鲁斯特与符号》(尤其是第三版)和加塔利的《机器与结构》(Machine and Structure;收录于《分子态革命》[Molecular Revolution]中),尽管它们都很难懂。德勒兹的《福柯》,则更加简单直接,它虽然是写于《千高原》之后(1986),去呈现了一种与《千高原》相近的概念装置。更一般地说来,则还有由访谈与一些更短小的文章组成的《对话》(Dialogues)与《谈判》(Negotiations),为我们提供了进入德勒兹思想最简便的途径。

对德勒兹与加塔利思想的一般性评注作品

我们显然可以从《千高原》的英译者布莱恩·马苏米的《资本主义与精神分裂的使用指南》(User's Guide to Capitalism and Schizophrenia)开始;在这个总标题下,它主要关涉的是《千高原》,而对第一卷几乎不曾提及。他为第二卷的中译本所写的"序言"甚至还要更好,清晰而简洁地描绘了《千高原》中运转着的概念-创造的过程。约翰·普罗特维与马克·邦塔(Mark Bonta)的《德勒兹与地理哲学》(Deleuze and Geophilosophy)提供了一个对"德勒兹加塔利式的地理哲学"的绝佳的概述,以及一个《千高原》所用术语的注解词汇表,之后则是一个关于怎样根据德勒兹与加塔利的思想来从事地理学的个案研究。

对德勒兹与加塔利在《千高原》之前的合作的评注工作,参看我写的《德勒兹与加塔利的反俄狄浦斯:精神分裂分析导论》(Deleuze and Guattari's Anti-Oedipus: Introduction to Schizoanalysis),这本书透彻解读他们的第一次合作,及其与弗洛伊德、马克思和尼采(等人)的关系;格雷格·兰伯特(Gregg Lambert)的《寻找新的思想图像》(*In Search of a New Image of Thought*)展示了普鲁斯特与卡夫卡如何促成德勒兹与加塔利的思想图像的观念。最好的对德勒兹与加塔利合作的一般性介绍是罗纳德·博格的《德勒兹与加塔利》(*Deleuze and Guattari*)以及菲利普·古德柴尔德的《德勒兹与加塔利:欲望政治学导论》(*Deleuze and Guattari: an Introduction to the Politics of Desire*)。盖瑞·基恩诺思科(Gary Genosko)汇编了详尽的三卷本,第一卷评介德勒兹的工作,第二卷评介加塔利的工作,第三卷则是两人的合作,标题为"德勒兹与加塔利:对前言哲学家的批判性评估"(*Deleuze and Guattari: Critical Assessments of Leading Philosophers*),出版于2001年,当然,有关德勒兹与加塔利,最出色的也最有益的研究是在此后出现的。最好的对加塔利的评注是基恩诺思科的《批判的引论》(*Critical Introduction*)和贾内尔·沃森(Janell Watson)的《加塔利的图示思想》(*Grattari's Diagrammatic Thought*)。最好的介绍德勒兹哲学的书则包括埃里克·阿利耶兹的《世界的署名》(*Signature of the World*)、克莱尔·科勒布鲁克的《吉尔·德勒兹》(*Gilles Deleuze*),迈克尔·哈特的《吉尔·德勒兹》(*Gilles Deleuze*)(专注于他和斯宾诺莎、尼采以及柏格森之间的关系)、让-克莱·马丁的《变式》(*Variations*)、约翰·赖赫曼(John Rajchman)的《德勒兹连接》(*Deleuze Connections*)、丹尼尔·W.史密斯广泛涉及诸多议题的论文集《论德勒兹》(*Essays on Deleuze*),以及一套詹姆斯·威廉斯(James Williams)所作的清晰又透彻的丛书,其中每一本都专注于一本德勒兹的重要著作或一个德勒兹的重要概念。罗纳德·博格的三卷本对德勒兹与加塔利处理文学、电影、音乐、绘画以及艺术的方式进行考察,既透彻又易于理解。

对德勒兹哲学治业(从早期研究休谟,直到研究电影的两本书)最全面而又简明的探讨是乔·休斯(Joe Hughes)的《德勒兹之后的哲学》(*Philosophy after Deleuze*)。对德勒兹哲学各个方面更深入的探讨,则包括布伦特·阿德金斯(Brent Adkins)、伊恩·布坎南、米格尔·德·贝斯特古(Miguel de Beistegui)以及埃利诺·考夫曼(Eleanor Kaufman)所写的书。

还有一些很好的德勒兹与加塔利词汇指南,邦塔与普罗特维的《德勒兹与地理哲学》、克莱尔·科勒布鲁克的《理解德勒兹》(*Understanding Deleuze*)、阿德里安·帕尔(Adrian Parr)的《德勒兹辞典》(*Deleuze Dictionary*)、查尔斯·斯蒂瓦尔的《吉尔·德勒兹:关键概念》(*Gilles Deleuze:Key Concepts*)和弗朗索瓦·祖拉比什维利(François Zourabichvili)的《德勒兹的词汇》(*The vocabulary of Deleuze*)中都有开列。

下面的进阶阅读书目会按前续的章与节的主题来开列。在《德勒兹之后的哲学》中,乔·休斯以类似本书第3章的一些小节的方式将德勒兹哲学划分为这样一些范畴(风格、本体论、伦理学、美学与政治学),只是顺序不同;在《论德勒兹》的第二部分中,丹尼尔·W.史密斯则严格依康德的术语将德勒兹的哲学系统划分为美学、辩证论、分析论、伦理学与政治学范畴。

152 第1章 《千高原》的来龙去脉

弗朗索瓦·多斯(François Dosse)为德勒兹与加塔利写出了最棒的知识型双人传记,对他们的合作进行了饶有兴味的介绍。《反俄狄浦斯文件》(*The Anti-Oedipus Papers*)主要从加塔利的视角详细描述了第一卷的合写过程。与此同时,琼斯(Jones)与罗夫(Roffe)编辑的文集《德勒兹的哲学世系》(*Deleuze's Philosophical Lineage*)就德勒兹用以发展出自己的哲学观点而专研过的所有重要哲学家提出了深刻见解。

关于德勒兹对无意识的前-精神分析的、哲学的理解,参看德勒兹论休谟的专著,还有他关于"本能与体制"的导言性短文,杰弗里·贝尔(Jeffrey Bell)的《德勒兹的休谟》(*Deleuze's Hume*),我关于"德勒兹与精神分析"的短文,以及克里斯蒂安·克斯莱克(Christian Kerslake)的《德勒兹与无意识》(*Deleuze and the Unconscious*)。

关于德勒兹与康德的关系,当然要参看他专论康德的专著《康德的批判哲学》(*Kant's Critical Philosophy*);好几篇丹尼尔·W.史密斯收录在《论德勒兹》中的文章;乔·休斯的《德勒兹之后的哲学》;克里斯蒂安·克斯莱克的《内在性与哲学的眩晕》(*Immanence and the Vertigo of Philosophy*);阿尔贝托·托斯卡诺(Alberto Toscano)的《生产的剧场》(*The Theater of Production*);以及威尔拉特(Willat)与李(Lee)编辑的文集《在德勒兹与康德之间思考》(*Thinking between Deleuze and Kant*)。

关于基督教与资本主义之间的关系,参看威廉·康诺利的《资本主义与基督教,美国风格》(*Capitalism and Christianity*, *American style*)。

要了解更多爵士即兴演奏作为解域的实例的情况,可参看我的文章《爵士即兴表演》(Jazz Improvisation),关于即兴实践与市场行为之间的关系,参看我的文章《肯定的游牧学》(Affirmative Nomadology)。

关于普鲁斯特与卡夫卡中的思想图像的更细致的解读,参看格雷格·兰伯特的《寻找新的思想图像》。

有关科学与哲学、潜在与现实之间的关系,参看我的《游牧公

民》(*Nomad Citizenship*),尤其是第一章;以及数篇彼得·加夫尼
(Peter Gaffney)收录在《潜在之力》(*The Force of the Virtual*)中的文章。

第2章 主题概述

更多关于德勒兹复杂的时间哲学的研究,参看他的《差异与重
复》,尤其是第二章;詹姆斯·威廉斯的《吉尔·德勒兹的时间哲
学》(*Gilles Deleuze's Philosophy of Time*);杰·兰佩特(Jay Lampert)的
《德勒兹与加塔利的历史哲学》(*Deleuze and Guattari's Philosophy of
History*);葛雷格·兰迪(GraigLundy)的《历史与生成》(*History and
Becoming*);以及我的文章《非线性的历史唯物主义》(*Non-linear
Historical Materialism*)。伊丽莎白·格罗兹在她的《紧要关头》(*The
Nick of Time*)一书中,将德勒兹的时间哲学与达尔文、尼采以及柏格
森的实践哲学联系起来,并在《时间的旅行》(*Time Travals*)中探索
时间哲学的政治意涵。

关于混沌系的概念,参看加塔利的《混沌系》(*Chaosmosis*)。

更多以复杂性理论的术语表达的潜在与现实之间的关系的研
究,参看曼纽尔·德兰达的《强度的科学与潜在的哲学》(*Intensive
Science & Virtual Philosophy*);邦塔与普罗特维的《德勒兹与地理哲
学》;杰弗里·贝尔的《混沌边缘的哲学》(*Philosophyat the Edge of
Chaos*)。更多关于自组织的范式的研究,参看斯图亚特·考夫曼
(Stuart Kauffman)的《宇宙为家》(*At Home in the Universe*)。

关于力比多的三种生产方式,除了《反俄狄浦斯》,还可参看我
的《精神分裂分析导论》(*Introduction to Schizoanalysis*)。

有关当代资本主义社会、市场化与大众化的公共意见背景下
的哲学的乌托邦式概念创造的使命,参看《什么是哲学?》以及我的
《游牧公民》第一章。

153

第3章 文本阅读

认识论

关于复杂性理论以及诸如吸引域这样的术语,参看邦塔与普罗特维、曼纽尔·德兰达、普里戈金与斯唐热,以及斯图亚特·考夫曼的研究。

关于概念-创造过程的更细致的讨论,参看德勒兹与加塔利的《什么是哲学?》、马苏米的"序言"以及我的《游牧公民》第一章。

关于"事件"对于德勒兹的重要性,参看祖拉比什维利的研究。

有关"交互预设"这个概念,参看路易·叶尔姆斯列夫的《语言理论导论》(*Prolegomena*)。

有关思想图像的延伸讨论,参看兰伯特的《寻找新的思想图像》以及弗拉克斯曼(Flaxman)的《哲学杜撰》(*Fabulation of Philosophy*)。

关于翻转柏拉图主义对德勒兹的重要性,参看其短文《柏拉图与拟像》(Plato and the Simulacrum)。

有关策略(strategy)与战术(tactics)之间差异的延伸讨论,参看塞都(Certeau)的工作。

德勒兹与福柯就理论与实践展开的交流见于他们的一次对谈《知识分子与权力》(Intellectuals and Power)。

关于现代科学的历史及其思考形式,参看伊莎贝尔·斯唐热的《现代科学的创生》(*The invention of Modern Science*)和格雷戈里·弗拉克斯曼(Gregory Flaxman)的《哲学杜撰》(*Fabulation of Philosophy*);也可一般性地参考约翰·马克斯(John Marks)编辑的文集《德勒兹与科学》(*Deleuze and Science*)。

有关德勒兹与加塔利思想中的运动与速度的延伸讨论,参看布莱恩·马苏米的《潜在之寓言》(*Parables for the Virtual*)。

关于游牧科学与爵士乐之间关系的更广泛的讨论,参看我的《游牧公民》。

关于流体动力学的不可预测性,参看德勒兹的文章《卢克莱修与拟像》(Lucretius and the Simulacrum)以及米歇尔·塞尔的《物理学的诞生》(*Birth of Physics*)。

"修修补补的零活儿"(bricolage)与"工程活动"(engineering)之间的区分在列维-斯特劳斯的《野性的思维》中有所阐发。

对形式质料说最充分的批判,要归功于(尚未被翻译的)法国哲学家吉贝尔·西蒙东的著作;除了邦塔与普罗特维的术语表,还可参看收录于德·伯维尔(De Boever)编辑的《吉贝尔·西蒙东》(*Gilbert Simondon*)中的文章以及穆里尔·库姆斯(Muriel Combes)的《吉贝尔·西蒙东与超个体哲学》(*Gilbert Simondon and the Philosophy of the Transindividual*)。

本体—美学

更多关于德勒兹的表达概念的探讨,参看他的《斯宾诺莎与表达问题》(*Expressionism in Philosophy*)以及兰伯特的《寻找新的思想图像》。

关于艺术与自然的关系,参看伊莎贝尔·格罗兹的《混沌、辖域、艺术与生成未完成》(*Chaos, Territory. Art and Becoming Undone*)。

邦塔与普罗特维和德兰达广泛运用"层化"这个概念;关于这个概念,还可参看德兰达的《非线性历史一千年》(*A Thousand Years of Non-linear History*)以及(不幸误名为)《一种新的社会哲学》(*A New Philosophy of Society*)。

福柯在《规训与惩罚》中分析了监狱-罪行复合体;关于它,还可参看德勒兹的《福柯》。

更多关于摩尔态/分子态之间关系的讨论,参看邦塔与普罗特维的《地理哲学》(*Geophilosophy*)以及斯唐热的《现代科学的创生》。

关于迭奏与辖域之间的关系,参看罗纳德·博格的文章《非主流、辖域、音乐》(Minority, Territory, Music)。 155

在《无标准》(*Without Criteria*)中,史蒂芬·沙维罗考察了德勒兹的美学与康德和怀特海的关系;在《布莱克,德勒兹美学与数码》(*Blake, Deleuzian Aesthetics and the Digital*)中,克莱尔·科勒布鲁克通过发展一种德勒兹的美学将威廉·布莱克与当下关联起来。

更一般性的美学讨论,见史蒂芬·泽普克的《艺术作为抽象机器》(*Art as Abstract Machine*);西蒙·奥沙利文的《艺术遭遇德勒兹与加塔利》(*Art Encounters Deleuze and Guattari*);以及收录于布莱恩·马苏米编辑的文集《对思想的震撼》(*A Shock to Thought*)中的文章;奥沙利文与泽普克编辑的《德勒兹、加塔利与新之生产》(*Deleuze, Guattari and the Production of the New*);赫尔斯(Hulse)与内斯比特(Nesbitt)编辑的《测听潜在》(*Sounding the Virtual*),泽普克与奥沙利文编辑的《德勒兹与当代艺术》(*Deleuze and Contemporary Art*)。

人类—动物行为学

关于语言学与哲学语言学的相关背景知识,参看奥斯丁的《如何以言行事》,V.N.伏罗希诺夫(V.N.Voloshinov)的《马克思主义与语言哲学》(*Marxism and the Philosophy of Language*)以及路易·叶尔姆斯列夫的《语言理论导论》。更多关于德勒兹语言学的讨论,参看让-雅克·勒赛克尔的《德勒兹与语言》(*Deleuze and Language*)。

关于货币产生于债务清偿而不是产生于交易,参看大卫·格雷伯(David Graeber)的《债务》(*Debt*)。

有关夸富宴的更多内容,参看马塞尔·莫斯的《礼物与夸富宴》(*The Gift and Potlatch*),关于无首领社会,参看皮埃尔·克拉斯特(Pierre Clastres)的《反对国家的社会》(*Society Against the State*)。

关于巨型-机器,参看刘易斯·芒福德(Lewis Mumford)的《机器的神话》(*The myth of the Machine*),尤其是第一卷。

伦理学

托德·梅的《吉尔·德勒兹》(*Gilles Deleuze*)对德勒兹思想中的伦理学做出了极好的引介,随后塔姆辛·洛林的《德勒兹与加塔利的内在伦理学》(*Deleuze and Guattari's Immanent Ethics*)进行更充分的阐发。对伦理学问题更深入的探讨参看丹尼尔·W.史密斯的文集《论德勒兹》以及西蒙·奥沙利文的《论主体性生产》(*On the Production of Subjectivity*)中的一些文章。友谊的伦理学则是查尔斯·斯蒂瓦尔的《德勒兹ABC》(*Gilles Deleuze's ABCs*)的核心。罗西·布雷多蒂的许多开创性的工作都在处理伦理学与政治学之交汇。同样,罗纳德·博格在《德勒兹的方法》中的文章处理的是伦理学与美学之间的交汇。格雷戈里·塞格沃思(Gregory Seigworth)与J.麦格雷戈·怀斯(J. Macgregor Wise)在《德勒兹与加塔利的生机》(*Animation of Deleuze and Guattari*)中的文章阐明了迭奏的概念如何在日常与职业生活中的伦理议题上给予我们启发。相关问题,也可参看军(Jun)和史密斯编辑的《德勒兹与伦理学》(*Deleuze and Ethics*)文集中的文章,以及伊丽莎白·格罗兹的《生成》(*Becomings*)。

关于无器官的身体的概念,当然可参看《反俄狄浦斯》,以及我的《精神分裂分析导论》。关于无器官的身体作为自我-变形的场所,参看保罗·帕顿在《德勒兹与政治》(*Deleuze and the Political*)中关于"批判的自由"(critical freedom)的讨论(第83-87页)。

关于多重性,参看德勒兹的《柏格森主义》(*Bergsonism*)以及他

的重要短文《柏格森》(Bergson)和《柏格森的差异概念》(Bergson's
Conception of Difference)。

有关对性的问题的德勒兹主义的考察,参看弗里达·贝克曼
(Frida Beckman)的《欲与乐之间》(*Between Desire and Pleasure*)以及
她编辑的《德勒兹与性》(*Deleuze and Sex*)。

有关各种不同的权力形式之间的差异,参看卡内蒂(Canetti)
的《群众与权力》(*Crowds and Power*);更多关于其对交响乐团指挥
作为一种权力模式的分析,参看我的文章《爵士即兴演奏》。

更多关于德勒兹与文学的研究,参看《冷酷与残忍》、《普鲁斯
特与符号》和《批评与诊断》;罗纳德·博格的《德勒兹式的虚构》;
让-雅克·勒赛克尔的《巴迪欧与德勒兹读文学》(*Badiou and Deleuze
Read Literature*);艾丹·泰南(AidanTynan)的《德勒兹的文学诊断》
(*Deleuze's Literary Clinic*);以及布坎南和马克斯汇编的《德勒兹与文
学》(*Deleuze and Literature*)文集中的文章。

有关生成-女人、德勒兹与女性主义,除了艾丽斯·贾丁的文章
《不定态的女人》(Women in Limbos),可参看罗西·布雷多蒂的
《游牧主体》(*Nomadic Subjects*)、《游牧理论》(*Nomadic Theory*)、《调
换:论游牧伦理学》(*Transposition: on Nomadic Ethics*)和《变形》
(*Metamorphoses*);伊丽莎白·格罗兹的《无常的身体》(*Volatile
Bodies*);塔姆辛·洛林的《伊利格瑞与德勒兹》(*Irigaray and
Deleuze*);也可参看布坎南与科勒布鲁克编辑的《德勒兹与女性
主义理论》(*Deleuze and Feminist Theory*)文集以及尼吉安尼
(Nigianni)与斯托尔(Storr)编辑的《德勒兹与酷儿理论》(*Deleuze
and Queer Theory*)文集中的文章。

至于与生成-非主流概念相关的一些问题,可参看萨尔达尼亚
(Saldanha)和亚当斯(Adams)编辑的《德勒兹与人种》(*Deleuze and
Race*)文集中的文章。

157   政治学

若需导论性的概述,可参看保罗·帕顿的文章《德勒兹与加塔利的政治哲学》(The Political Philosophy of Deleuze and Guattari)。受德勒兹与加塔利思想方方面面的影响而写的书则有乔·比斯利-莫瑞的《后霸权主义》(Posthegemony);伊丽莎白·格罗兹的《生成未完成》(Becoming Undone)、《紧要关头》(和《空间、时间与反常》(Space, Time and Perversion);哈特与奈格里的《帝国》、《诸众》和《共同体》;我的《游牧公民》;布莱恩·马苏米的《日常恐惧的政治学》(The Politics of Everyday Fear)和《类近与事件》(Semblance and Event);托马斯·内尔(Thomas Nail)的《重回革命》(Returning to Revolution);大卫·庞尼亚(Davide Panagia)的《政治思想的诗学》(The poetics of Political Thinking)和《感觉的政治生活》(The Political Life of Sensation);阿德里安·帕尔的《德勒兹与追思的文化》(Deleuze and Memorial Culture)和《资本的激怒》(The Wrath of Capital);保罗·帕顿的《德勒兹与政治》和《德勒兹的概念》(Deleuzian Concepts);尼克·托本的《德勒兹、马克思与政治》(Deleuze, Marx and Politics);以及内森·威德斯(Nathan Widders)的《思索时间与政治》(Reflections on Time and Politics)和《德勒兹之后的政治理论》(Political Theory after Deleuze)。也可参看托本和布坎南编辑的《德勒兹与政治》(Deleuze and Politics)文集、比格纳尔(Bignall)和帕顿编辑的《德勒兹与后殖民》(Deleuze and the Postcolonial)文集、富格尔桑(Fuglsang)和索伦森(Sørensen)编辑的《德勒兹与社会》(Deleuze and the Social)文集和布坎南与帕尔编辑的《德勒兹与当代世界》(Deleuze and the Contemporary World)文集中的文章。

有关政治人类学中的节段性的标准概念,参看乔治斯·巴朗迪耶(Georges Balandier)的《政治人类学》(Political Anthropology)。

至于加布里埃尔·塔尔德的社会学,参看他的《模仿律》(*Laws of Imitaion*)以及一本他的选集《加布里埃尔·塔尔德论传播与社会影响》(*Gabriel Tarde on Communication and Social Influence*)。

有关"微型法西斯主义"的概念,参看约翰·普罗特维的文章《纯物质问题》(A Problem of Pure Matter)和我的文章《精神分裂分析、游牧学、法西斯主义》(Schizoanalysis, Nomadology, Fascism)。

更多关于游牧主义与游牧学的研究,参看我的《游牧公民》,有关战争-机器,参看我的文章《肯定的游牧学与战争机器》(Affirmative Nomadology and the War Machine)。

有关德勒兹与加塔利哲学中的马克思主义,参看收录于琼斯和罗夫编辑的《德勒兹的哲学世系》(文集中的我的文章《卡尔·马克思》(Karl Marx),以及我的《游牧公民》,尤其是第四章。

有关当代资本主义环境下依附(bond)的国家形态与契约(pact)的国家形态之间的摇摆,参看我的《游牧公民》,尤其是第二章。

参考文献

Adkins, B. (2007) *Death and Desire in Hegel, Heidegger and Deleuze*, Edinburgh: Edinburgh University Press.

Alliez, E. (2004) *The Signature of the World, or, What is Deleuze and Guattari's Philosophy?*, New York and London: Continuum.

Althusser, L. (2006) *Philosophy of the Encounter: Later Writings, 1978-87*, London and New York: Verso.

Attali, J. (1985) *Noise: the Political Economy of Music*, Minneapolis: University of Minnesota Press.

Austin, J. L. (1962) *How to Do Things with Words*, Cambridge, MA: Harvard University Press.

Balandier, G. (1970) *Political Anthropology*, New York: Pantheon Books.

Ballantyne, A. (2007) *Deleuze and Guattari for Architects*, London and New York: Routledge.

Beasley-Murray, J. (2011) *Posthegemony*, Minneapolis: University of Minnesota Press.

Beckman, F. (2013) *Between Desire and Pleasure: A Deleuzian Theory of Sexuality*, Edinburgh: Edinburgh University Press.

—(ed.) (2011) *Deleuze and Sex*, Edinburgh: Edinburgh University Press.

Bell, J. (2006) *Philosophy at the Edge of Chaos: Gilles Deleuze and the Philosophy of Difference*, Toronto; Buffalo: University of Toronto Press.

—(2009) *Deleuze's Hume: Philosophy, Culture and the Scottish Enlightenment*, Edinburgh: Edinburgh University Press.

Bey, H. (2003) *T.A.Z.: the Temporary Autonomous Zone, Ontological Anarchy*,

Poetic Terrorism, Brooklyn, NY: Autonomedia.

Bignall, S. and P. Patton (eds) (2010) *Deleuze and the Postcolonial*, Edinburgh: Edinburgh University Press.

Bogue, R. (1989) *Deleuze and Guattari*, New York and London: Routledge.

—(2003a) *Deleuze on Cinema*, New York and London: Routledge.

—(2003b) *Deleuze on Literature*, New York and London: Routledge.

—(2003c) *Deleuze on Music, Painting, and the Arts*, New York and London: Routledge.

—(2003d) "Minority, Territory, Music", in J. Khalfa (ed.) *Introduction to the Philosophy of Gilles Deleuze*, Continuum, pp. 114-32.

—(2007) *Deleuze's Way: Essays in Transverse Ethics and Aesthetics*, Aldershot, England; Burlington, VT: Ashgate.

—(2010) *Deleuzian Fabulation and the Scars of History*, Edinburgh University Press.

Bonta, M. and J. Protevi (2004) *Deleuze and Geophilosophy: a Guide and Glossary*, Edinburgh: Edinburgh University Press.

Boundas, C. (ed.) (1993) *The Deleuze Reader*, New York: Columbia University Press.

—(2006) *Deleuze and Philosophy*, Edinburgh: Edinburgh University Press.

—(2009) *Gilles Deleuze: the Intensive Reduction*, London and New York: Continuum.

Boundas, C. and Dorothea Olkowski (eds) (1994) *Gilles Deleuze and the Theater of Philosophy*, New York: Routledge.

Braidotti, R. (2002) *Metamorphoses: Towards a Materialist Theory of Becoming*, Cambridge: Polit y; Malden, MA: Blackwell.

—(2006) *Transpositions: on Nomadic Ethics*, Cambridge and Malden, MA: Polity Press.

—(2011a) *Nomadic Subjects: Embodiment and Sexual Difference in Contemporary Feminist Theory*, New York: Columbia University Press.

—(2011b) *Nomadic Theory: the Portable Rosi Braidotti*, New York: Columbia University Press.

Brott, S. (2011) *Architecture for a Free Subjectivity: Deleuze and Guattari at the Horizon of the Real*, Farnham, Surrey and Burlington, VT: Ashgate.

Buchanan, I. (2000) *Deleuzism: a Metacommentary*, Durham, North Carolina: Duke University Press.

Buchanan, I. and C. Cole brook (eds) (2000) *Deleuze and Feminist Theory*, Edinburgh: Edinburgh University Press.

Buchanan, I. and J. Marks (eds) (2000) *Deleuze and Literature*, Edinburgh: Edinburgh University Press.

Buchanan, I. and A. Parr (eds) (2006) *Deleuze and the Contemporary World*, Edinburgh: Edinburgh University Press.

Buchanan, I. and M. Swiboda (eds) (2006) *Deleuze and Music*, Edinburgh: Edinburgh University Press.

Canetti, E. (1966) *Crowds and Power*, New York: Viking Press.

Clastres, P. (1989) *Society against the State: Essays in Political Anthropology*, New York: Zone Books; Cambridge, MA: MIT Press.

Cole brook, C. (2002) *Understanding Deleuze*, Crows Nest: Allen & Unwin.

—(2012) Blake, *Deleuzian Aesthetics and the Digital*, London and New York: Continuum.

Colebrook, C. and J. Weinstein (eds) (2008) *Deleuze and Gender*, Edinburgh: Edinburgh University Press.

Combes, M. (2013) *Gilbert Simondon and the Philosophy of the Transindividual*, Cambridge, MA: MIT Press.

Connolly, W. E. (2002) *Neuropolitics: Thinking, Culture, Speed*, Minneapolis: University of Minnesota Press.

—(2008) *Capitalism and Christianity, American Style*, Durham, North Carolina: Duke University Press.

—(2011) *A World ol Becoming*, Durham, North Carolina: Duke University Press.

De Beistegui, M. (2010) *Immanence: Deleuze and Philosophy*, Edinburgh: Edinburgh University Press.

De Boever, A. et al. (eds) (2012) *Gilbert Simondon: Being and Technology*, Edinburgh: Edinburgh University Press.

De Certeau, M. (1984) *The Practice of Everyday Life*, Vol. 1, Berkeley: University of California Press.

DeLanda, M. (1997) *A Thousand Years of Nonlinear History*, New York: Zone Books.

—(2002) *Intensive Science and Virtual Philosophy*, London and New York: Continuum.

—(2006) *A New Philosophy of Society: Assemblage Theory and Social Complexity*,

London and New York: Continuum.

Deleuze, G. (1984) *Kant's Critical Philosophy: the Doctrine of the Faculties*, Minneapolis: University of Minnesota Press.

—(1988) *Foucault*, Minneapolis: University of Minnesota Press.

—(1990a) *Expressionism in Philosophy: Spinoza*, New York: Zone Books.

—(1990b) *The Logie of Sense*, New York: Columbia University Press.

—(1990c) "Plato and the Simulacrum", in *The Logie of Sense*, pp. 253-66.

—(1990d) 'Lucretius and the Simulacrum', in *The Logie of Sense*, pp. 266-79.

—(1991a) *Bergsonism*, New York: Zone Books.

—(1991b) *Empiricism and Subjectivity: an Essay on Hume's Theory of Human Nature*, New York: Columbia University Press.

—(1991c) *Masochism: Coldness and cruelty*, New York: Zone Books; Cambridge, MA: MIT Press.

—(1993) *The Fold: Leibniz and the Baroque*, Minneapolis: University of Minnesota Press.

—(1994) *Difference and Repetition*, New York: Columbia University Press.

—(1995a) *Negotiations 1972-1990*, New York: Columbia University Press.

—(1995b) "Postscript on Control Societies", in *Negotiations*, pp. 177-82.

—(1997) *Essays Critical and Clinical*, Minneapolis: University of Minnesota Press.

—(2000) *Proust and Signs*, Minneapolis: University of Minnesota Press.

—(2001) *Pure Immanence: Essays on a Life*, New York: Zone Books.

—(2002) *Dialogues II*, London and New York: Continuum.

—(2004a) *Desert Islands and Other Texts, 1953-1974*, New York: Semiotext (e).

—(2004b) "Instincts and Institutions", in *Desert Islands*, pp. 19-21.

—(2004c) "Bergson, 1859-1941", in *Desert Islands*, pp. 22-31.

—(2004d) "Bergson's Conception of Difference", in *Desert Islands*, pp. 32-51.

—(2006) *Nietzsche and Philosophy*, New York: Columbia University Press.

Deleuze, G. and M. Foucault (2004) "Intellectuals and Power", in *Desert Islands and Other Texts, 1953-1974*, New York: Semiotext (e), pp. 206-13.

Deleuze, G. and F. Guattari (1976) *Rhizome: Introduction*, Paris: Editions de

Minuit.

——(1980) *Capitalism and Schizophrenia*, *Vol. 1*: *Anti-Oedipus*, Minneapolis: University of Minnesota Press.

——(1986) *Kafka*: *Toward a Minor Literature*, Minneapolis: University of Minnesota Press.

——(1987) *Capitalism and Schizophrenia*, *Vol. 2*: *A Thousand Plateaus*, Minn-eapolis: University of Minnesota Press.

——(1994) *What is Philosophy?*, New York: Columbia University Press.

Deleuze, G. and C. Parnet (2002) *Dialogues*, New York: Columbia University Press.

Dosse, F. (2010) *Gilles Deleuze & Félix Guattari*: *Intersecting Lives*, New York: Columbia University Press.

Flaxman, G. (2012) *Gilles Deleuze and the Fabulation of Philosophy*, Minneapolis: University of Minnesota Press.

Foucault, M. (1977) "Theatrum Philosophicum", in *Language, Countermemory, Practice*, Ithaca: Cornell University Press, pp. 165-98.

——(1995) *Discipline and Punish*: *the Birth of the Prison*, New York: Vintage Books.

Frichot, H. and S. Loo (eds) (2013) *Deleuze and Architecture*, Edinburgh: University Press.

Fuglsang, M. and B. M. Sørensen (eds) (2006) *Deleuze and the Social*, Edinburgh: Edinburgh University Press.

Gaffney, P. (ed.) (2010) *The Force of the Virtual*: *Deleuze, Science, and Philosophy*, Minneapolis: University of Minnesota Press.

Genosko, G. (2009) *Félix Guattari*: *a Critical Introduction*, London and New York: Pluto Press; New York: Palgrave Macmillan.

——(ed.) (2001) *Deleuze and Guattari*: *Critical Assessments of Leading Philosophers*, London and New York: Routledge, 3 vols: Vol. 1-Deleuze; Vol. 2-Guattari; Vol. 3-Deleuze & Guattari.

Glissant, E. (1989) *Caribbean Discourse*: *Selected Essays*, Charlottesville: University Press of Virginia.

——(1997) *Poetics of Relation*, Ann Arbor: University of Michigan Press.

Goodchild, P. (1996a) *Deleuze and Guattari*: *an Introduction to the Politics of Desire*, London; Thousand Oaks, CA: Sage.

——(1996b) *Gilles Deleuze and the Question of Philosophy*, Madison: Fairleigh

Dickinson University Press; London; Cranbury, NJ: Associated University Presses.

—(2002) *Capitalism and Religion: the Price of Piety*, London; New York: Routledge.

—(2009) *Theology of Money*, Durham: Duke University Press.

Graeber, D. (2011) *Debt: the First 5,000 Years*, Brooklyn, NY: Melville House.

Grossberg, L. (1991) "Rock, Territorialization and Power", *Cultural Studies*, 5:3, pp. 358-67.

—(1992) *We Gotta Get out of this Place: Popular Conservatism and Postmodern Culture*, New York: Routledge.

—(1993) 'Cultural studies and/in New Worlds', *Critical Studies in Mass Communication*, 10:1, pp. 1-22.

—(1997) "Cultural Studies, Modern Logics, and Theories of Globalisation", in *Back to Reality?: Social Experience and Cultural Studies*, A. McRobbie (ed.) Manchester University Press, pp. 7-35.

—(2003) "Animations, Articulations, and Becomings: An Introduction" in *Animations of Deleuze and Guattari*, J. D. Slack (ed.) New York:P. Lang, pp. 1-8.

—(2010) *Cultural Studies in the Future Tense*, Durham, North Carolina: Duke University Press.

Grosz, E. (1994) *Volatile Bodies: Toward a Corporeal Feminism*, Bloomington: Indiana University Press.

—(2001) *Architecture from the Outside: Essays on Virtual and Real Space*, foreword by Peter Eisenman, Cambridge, MA: MIT Press.

—(2004) *The Niek of Time: Polities, Evolution, and the Untimely*, Durham, North Carolina: Duke University Press.

—(2005) *Time Travels: Feminism, Nature, Power*, Durham, North Carolina: Duke University Press.

—(2008) *Chaos, Territory, Art: Deleuze and the Framing of the Earth*, New York: Columbia University Press.

—(2011) *Becoming undone: Darwinian Reflections on Life, Polities, and Art*, Durham, North Carolina: Duke University Press.

—(ed.) (1999) *Beeomings: Explorations in Time, Memory, and Futures*, Ithaca, NY: Cornell University Press.

Guattari, F. (1984) *Moleeular Revolution: Psychiatry and Politics*, Harmondsworth, Middlesex; New York: Penguin.

—(1995) *Chaosmosis: an Ethico-aesthetic Paradigm*, Bloomington, IN: Indiana University Press.

—(2000) *The Three Ecologies*, London; New Brunswick, NJ: Athlone Press.

—(2006) *The Anti-Oedipus Papers*, New York: Semiotext(e); Cambridge, MA: MIT Press.

Guattari, F. and A. Negri (1990) *Communists like Us: New Spaces of Liberty, New Lines of Alliance*, New York: Semiotext(e).

Hallward, P. (2006) *Out of this World: Deleuze and the Philosophy of Creation*, London and New York: Verso.

Haraway, D. (1991) "A Cyborg Manifesto: Science, Technology, and Socialist-Feminism in the Late Twentieth Century", in *Simians, Cyborgs, and Women: The Reinvention of Nature*, New York: Routledge, pp. 149-81.

Hardt, M. (1993) *Gilles Deleuze: an Apprenticeship in Philosophy*, Minneapolis: University of Minnesota Press.

Hardt, M. and A. Negri (2000) *Empire*, Cambridge, MA: Harvard University Press.

—(2004) *Multitude: War and Democracy in the Age of Empire*, New York: The Penguin Press.

—(2009) *Commonwealth*, Cambridge, MA: Harvard University Press.

Hjlemslev, L. (1969) *Prolegomena to a Theory of Language*, Madison: University of Wisconsin Press.

Holland, E. W. (1999) *Deleuze & Guattari's "Anti-Oedipus": Introduction to Schizoanalysis*, New York: Routledge.

—(2003) "Representation and Misrepresentation in Postcolonial Literature and Theory", *Research in African Literatures*, 34:1, pp. 159-73.

—(2008a) "Jazz Improvisation: Music of the People-to-Come", in *Deleuze, Guattari, and the Production of the New*, S. O'Sullivan and S. Zepke (eds) London: Continuum, pp. 196-205.

—(2008b) "Schizoanalysis, Nomadology, Fascism", in *Deleuze and Polities*, N. Thoburn and I. Buchanan (eds) Edinburgh: Edinburgh University Press, pp. 74-97.

—(2009a) "Affirmative Nomadology and the War Machine", in *Gilles Deleuze: the Intensive Reduction*, C. Boundas (ed.) London: Continuum, pp. 218-25.

—(2009b) "Karl Marx", in *Deleuze's Philosophical Lineage*, G. Jones and J. Roffe (eds) Edinburgh: Edinburgh University Press, pp.147-66.

—(2012a) "Deleuze and Psychoanalysis", in *The Cambridge Companion to Gilles Deleuze*, D. W. Smith and H. Somers-Hall (eds) Cambridge: Cambridge University Press, pp. 307-36.

—(2012b) "Non-Linear Historical Materialism: Or, What is Revolutionary in Deleuze and Guattari's Philosophy of History?", in *Time and History in Deleuze and Serres*, B. Herzogenrath (ed.) London: Continuum, pp. 17-30.

Hughes, J. (2012) *Philosophy After Deleuze: Deleuze and the Genesis of Representation*, London and New York: Bloomsbury Academic.

Hulse, B. and N. Nesbitt (eds) (2010) *Sounding the Virtual: Gilles Deleuze and the Theory and Philosophy of Music*, Farnham, Surrey, England; Burlington, VT: Ashgate.

Jardine, A. (1984) "Woman in Limbo: Deleuze and his Br(others)," *SubStance* 13:3/4, pp. 46-60.

Jones, G. and J. Roffe (eds) (2009) *Deleuze's Philosophical Lineage*, Edinburgh: Edinburgh University Press.

Jun, N. and D. W. Smith (eds) (2011) *Deleuze and Ethics*, Edinburgh: Edinburgh University Press.

Karatani, K. (1995) *Architecture as Metaphor: Language, Number, Money*, Cambridge, MA: MIT Press.

Kauffman, S. (1995) *At Home in the Universe: the Search for Laws of Self-organization and Complexity*, New York: Oxford University Press.

Kaufman, E. (2012) *Deleuze, the Dark Precursor: Dialectic, Structure, Being*, Baltimore: The Johns Hopkins University Press.

Kerslake, C. (2007) *Deleuze and the Unconscious*, London and New York: Continuum.

—(2009) *Immanence and the Vertigo of Philosophy: from Kant to Deleuze*, Edinburgh: Edinburgh University Press.

Lambert, G. (2006) *Who's Afraid of Deleuze and Guattari?*, London and New York: Continuum.

—(2012) *In Search of a New Image of Thought: Gilles Deleuze and Philosophical Expressionism*, Minneapolis: University of Minnesota Press.

Latour, B. (1993) *We Have Never Been Modern*, Cambridge, MA: Harvard University Press.

Lecercle, J.-J. (2002) *Deleuze and language*, Houndmills, Basingstoke, Hampshire and New York: Palgrave Macmillan.

—(2010) *Badiou and Deleuze Read Literature*, Edinburgh: Edinburgh University Press.

Lévi-Strauss, C. (1966) *The Savage Mind*, Chicago: Chicago University Press.

Lévy, P. (1997) *Collective Intelligence: Mankind's Emerging World in Cyberspace*, Cambridge, MA: Perseus Books.

—(1998) *Becoming Virtual: Reality in the Digital Age*, New York: Plenum Trade.

—(2001) *Cyberculture*, Minneapolis, MN; London: University of Minnesota Press.

Lorraine, T. (1999) *Irigaray and Deleuze: Experiments in Visceral Philosophy*, Ithaca: Cornell University Press.

—(2011) *Deleuze and Guattari's Immanent Ethics: Theory, Subjectivity, and Duration*, Albany: State University of New York Press.

Lundy, C. (2012) *History and Becoming: Deleuze's Philosophy of Creativity*, Edinburgh: Edinburgh University Press.

Lyotard, J.-F. (1993) *Libidinal Economy*, Bloomington, IN: Indiana University Press.

Marks, J. (2006) *Deleuze and Science*, Edinburgh: Edinburgh University Press.

Martin, J.-c. (2010) *Variations: The Philosophy of Gilles Deleuze*, Edinburgh: Edinburgh University Press.

Massumi, B. (1992) *A user's guide to capitalism and schizophrenia: deviations from Deleuze and Guattari*, Cambridge, MA: MIT Press.

—(2002a) *Parables for the Virtual: Movement, Affect, Sensation*, Durham, North Carolina: Duke University Press.

—(2010) "What Concepts Do: Preface to the Chinese Translation of *A Thousand Plateaus*", *Deleuze Studies*, 4:1, pp. 1-15.

—(2011) *Semblance and Event: Activist Philosophy and the Occurrent Arts*, Cambridge, MA: MIT Press.

—(ed.) (1993) *The Politics of Everyday Fear*, Minneapolis: University of Minnesota Press.

—(ed.) (2002b) *A Shock to Thought: Expression after Deleuze and Guattari*,

London and New York: Routledge.

Mauss, M. (2003) *The Gift and Potlatch*, London and New York: Routledge.

May, T. (2005) *Gilles Deleuze: an Introduction*, New York: Cambridge University Press.

Miller, C. (1998) *Nationalists and Nomads: Essays on Francophone African Literature and Culture*, Chicago: University of Chicago Press.

Mumford, L. (1967) *The Myth of the Machine*, New York: Harcourt, Brace & World.

Nail, T. (2012) *Returning to Revolution: Deleuze, Guattari and Zapatismo*, Edinburgh: Edinburgh University Press.

Nigianni, C. and Merl Storr (eds) (2009) *Deleuze and Queer Theory*, Edinburgh: Edinburgh University Press.

O'Sullivan, S. (2006) *Art Encounters Deleuze and Guattari: Thought beyond Representation*, Basingstoke; New York: Palgrave Macmillan.

——(2012) *On the Production of Subjectivity: Five Diagrams of the Finiteinfinite Relation*, Houndmills, Basingstoke, Hampshire and New York: Palgrave Macmillan.

O'Sullivan, S. and S. Zepke (eds) (2008) *Deleuze, Guattari and the Production of the New*, London and New York: Continuum.

Panagia, D. (2006) *The Poetics of Political Thinking*, Durham, NC: Duke University Press.

——(2009) *The Political Life of Sensation*, Durham, NC: Duke University Press.

Parr, A. (2008) *Deleuze and Memorial Culture: Desire, Singular Memory and the Politics of Trauma*, Edinburgh: Edinburgh University Press.

——(2013) *The Wrath of Capital: Neoliberalism and Climate Change Politics*, New York: Columbia University Press.

——(ed.) (2010) *The Deleuze Dictionary*, Edinburgh: Edinburgh University Press.

Patton, P. (1997) "The Political Philosophy of Deleuze and Guattari", in *Political Theory: Tradition and Diversity*, A. Vincent (ed.) New York: Cambridge University Press, pp. 237-53.

——(2000) *Deleuze and the political*, London and New York: Routledge.

——(2010) *Deleuzian Concepts: Philosophy, Colonization, Politics*, Stanford, CA: Stanford University Press.

Pisters, P. (2003) *The Matrix of Visual Culture: Working with Deleuze in Film*

Theory, Stanford, CA: Stanford University Press.

—(2012) *The Neuro-image: a Deleuzian Film-philosophy of Digital Screen Culture*, Stanford, CA: Stanford University Press.

Prigogine, I. and I. Stengers (1984) *Order out of Chaos: Man's New Dialogue with Nature*, New York: Bantam Books.

Protevi, J. (2000) "A Problem of Pure Matter: Fascist Nihilism in *A Thousand Plateaus*", in K. Ansell-Pearson and D. Morgan (eds) *Nihilism Now! Monsters of Energy*, London: Macmillan Press, pp. 167-88.

—(2001) *Political Physics: Deleuze, Derrida, and the Body Politic*, London and New York: Athlone Press.

—(2009) *Political Affect: Connecting the Social and the Somatic*, Minneapolis: University of Minnesota Press.

Rajchman, J. (2000) *The Deleuze Connections*, Cambridge, MA: MIT Press.

Reid, J. (2010) "On the nature of sovereignty: Gilles Deleuze and the theory of world politics", in *International Relations Theory and Philosophy: Interpretive Dialogues*, C. Moore and C. Farrands (eds) London and New York: Routledge, pp. 119-28.

Rotman, B. (2000) *Mathematics as Sign: Writing, Imagining, Counting*, Stanford, CA: Stanford University Press.

—(2008) *Becoming Beside Ourselves: the Alphabet, Ghosts, and Distributed Humall Being*, Durham, North Carolina: Duke University Press.

Saldanha, A. and J. M. Adams (eds) (2012) *Deleuze and Race*, Edinburgh: Edinburgh University Press.

Seigworth, G. (2003) "Fashioning a Stave, or, Singing Life", in *Animations of Deleuze and Guattari*, J. D. Slack (ed.) New York: P. Lang, pp. 75-106.

Serres, M. (2000) *The Birth of Physics*, Manchester: Clinamen Press.

Shaviro, S. (2009) *Without Criteria: Kant, Whitehead, Deleuze, and Aesthetics*, Cambridge, MA: MIT Press.

Slack, J. D. (ed.) (2003) *Animations of Deleuze and Guattari*, New York: P. Lang.

Smith, D. W. (2012) *Essays on Deleuze*, Edinburgh: Edinburgh University Press.

Sokal, A. and J. Bricmont (1998) *Fashionable Nonsense: Postmodern Intellectuals' Abuse ol Science*, New York: Picador USA.

Stengers, I. (2000) *The Invention ol Modern Science*, Minneapolis: University of

Minnesota Press.

Stoner, J. (2012) *Toward a Minor Architecture*, Cambridge, MA: MIT Press.

Surin, K. (2009) *Freedom not Yet: Liberation and the Next World Order*, Durham, North Carolina: Duke University Press.

Tarde, G. (1962) *The Laws ol Imitation*, Gloucester, MA, P. Smith.

—(1969) *Gabriel Tarde on Communication and Social Influence; Selected Papers*, T. N. Clark (ed.) Chicago, University of Chicago Press.

Thoburn, N. (2003) *Deleuze, Marx and Politics*, London and New York: Routledge.

Thoburn, N. & I. Buchanan (eds) (2008) *Deleuze and Politics*, Edinburgh: Edinburgh University Press.

Toscano, A. (2006) *The Theatre ol Production: Philosophy and Individuation between Kant and Deleuze*, Basingstoke and New York: Palgrave Macmillan.

Tynan, A. (2012) *Deleuze's Literary Clinic: Criticism and the Politics of Symptoms*, Edinburgh: Edinburgh University Press.

Various (1987) "The Nature and Context of Minority Discourse I", *Cultural Critique*, 6, pp. 1-270.

—(1987) "The Nature and Context of Minority Discourse II", *Cultural Critique*, 7, pp. 1-224.

Voloshinov, V. N. (1986) *Marxism and the Philosophy of Language*, Cambridge, MA: Harvard University Press.

Watson, J. (2009) *Guattari's Diagrammatic Thought: Writing between Lacan and Deleuze*, London and New York: Continuum.

Widder, N. (2008) *Reflections on Time and Politics*, University Park: Pennsylvania State University Press.

—(2012) *Political Theory after Deleuze*, New York and London: Continuum.

Willat, E. and M. Lee (eds) (2009) *Thinking between Deleuze and Kant: a Strange Encounter*, London and New York: Continuum.

Williams, J. (2003) *Gilles Deleuze's "Difference and Repetition": a Critical Introduction and Guide*, Edinburgh: Edinburgh University Press.

—(2005) *The Transversal Thought of Gilles Deleuze: Encounters and Influences*, Manchester: Clinamen Press.

—(2008) *Gilles Deleuze's "Logic of Sense": a Critical Introduction and Guide*, Edinburgh: Edinburgh University Press.

—(2011) *Gilles Deleuze's Philosophy of Time: a Critical Introduction and Guide*,

Edinburgh: Edinburgh University Press.

Wise, J. M. (2003) "Home: Territory and Identity" in *Animations of Deleuze and Guattari*, J. D. Slack (ed.), New York: P. Lang, pp. 107-28.

Zepke, S. (2005) *Art as Abstract Machine: Ontology and Aesthetics in Deleuze and Guattari*, New York: Routledge.

Zepke, S. and S. O'Sullivan (eds) (2010) *Deleuze and Contemporary Art*, Edinburgh: Edinburgh University Press.

Zourabichvili, F. (2012) *Deleuze: A Philosophy of the Event*; *Together with The Vocabulary of Deleuze*, Edinburgh: Edinburgh University Press.

索 引

gu⅄de

思想家和思想导读丛书

★表示已出版

思想家导读

思想家著作导读

思想家关键词

图书在版编目（CIP）数据

导读德勒兹与加塔利《千高原》/（美）尤金·W.
霍兰德（Eugene W. Holland）著；周兮吟译.—重庆：
重庆大学出版社，2016.11（2024.5 重印）
（思想家和思想导读丛书）
书名原文：Deleuze and Guattari's A Thousand
Plateaus：A Reader's Guide
ISBN 978-7-5689-0216-8

I.①导… Ⅱ.①尤…②周… Ⅲ.①吉尔·德勒兹
—哲学思想—思想评论 Ⅳ.①B565.59

中国版本图书馆 CIP 数据核字（2016）第 254155 号

导读德勒兹与加塔利《千高原》
DAODU DELEZI YU JIATALI QIANGAOYUAN
尤金·W. 霍兰德 著
周兮吟 译

责任编辑：邹 荣 版式设计：邹 荣
责任校对：关德强 责任印制：张 策
*
重庆大学出版社出版发行
出版人：陈晓阳
社址：重庆市沙坪坝区大学城西路 21 号
邮编：401331
电话：（023）88617190 88617185（中小学）
传真：（023）88617186 88617166
网址：http://www.cqup.com.cn
邮箱：fxk@cqup.com.cn（营销中心）
全国新华书店经销
重庆市正前方彩色印刷有限公司印刷
*
开本：890mm×1168mm 1/32 印张：6.75 字数：160 千 插页：32 开 2 页
2016 年 11 月第 1 版 2024 年 5 月第 6 次印刷
ISBN 978-7-5689-0216-8 定价：32.00 元

Deleuze and Guattari' s A Thousand Plateaus: A Reader' s Guide, by Eugene
W. Holland, ISBN: 9780826423023

© Eugene W. Holland, 2013
This translation is published by arrangement with Bloomsbury Publishing Plc.

版贸核渝字(2014)第 135 号